Coding School

터틀과 햄스터로 시작하는

로봇 코딩
첫걸음

터틀과 햄스터로 시작하는 로봇 코딩 첫걸음

저자 소개

정일주

- 현 초등학교 교사
- 현 초등컴퓨팅교사협회 이사
- 경인교육대학교 대학원 음악교육 석사

저서
- 버그마왕과 엔트리월드의 위기(위키북스) 공저
- 스택버거, 캐치더캣, 캐치더도그, 코드팡(SW교육용 보드게임) 공동 개발

전가현

- 현 초등학교 교사
- 초등컴퓨팅교사협회 연구개발팀
- 한국교원대학교 교육심리 석사

저서
- 쉽게 배우는 AI (EBS) 공저
- 내가 바로 코딩스타 알버트 (진학사) 공저

코딩스쿨 시리즈란?

코딩을 처음으로 접하는 학생이 알아야 할 알고리즘부터 하드웨어의 원리를 깨치는 피지컬 컴퓨팅, 데이터 과학과 인공지능에 이르기까지 미래 사회에 필요하다고 생각되는 컴퓨팅 사고력과 문제 해결력, 인공지능 소양을 키우고자 기획된 초등학생을 위한 코딩 교재입니다. 교재에 대한 자세한 내용은 홈페이지를 참조해 주세요.

홈페이지 주소 : http://itbook.kyohak.co.kr/coding/

터틀 로봇과 햄스터 로봇

터틀 로봇은 로보메이션에서 출시한 거북이를 닮은 완성형 로봇입니다. 터틀 로봇의 가장 큰 장점은 언플러그드 코딩과 소프트웨어 코딩이 모두 가능하다는 점입니다. 컴퓨터를 연결하지 않고도 라인 트레이싱, 컬러 코딩, 카드 코딩을 통해 컴퓨팅 사고력을 향상하는 활동을 할 수 있습니다. 터틀에 내장된 자율 행동 모드를 사용하여 악기 연주, 그림 그리기 등 다양한 활동도 가능합니다. 가로 7.5cm, 세로 9.5cm, 높이 5cm로 손바닥만한 크기지만 스태핑 모터, 컬러 센서, LED, 3축 가속도 센서, 피에조 스피커를 내장하고 있습니다. 또한 블루투스를 이용하여 컴퓨터나 앱과 연결하여 다양한 SW 교육에 활용할 수 있습니다. 본 책에서는 터틀의 언플러그드 기능과 소프트웨어 코딩 기능을 활용하여 여러 가지 문제를 해결해 보고자 합니다.

햄스터 로봇은 터틀 로봇과 같이 로보메이션사에서 출시한 제품입니다. 이름처럼 작고 귀여운 햄스터 로봇은 가로 3.5cm, 세로 4cm, 높이 3cm의 별도 조립이 필요 없는 완성형 로봇입니다. 따라서 PC 또는 스마트폰 앱과 연결하면 바로 움직일 수 있는 로봇으로, 누구나 쉽게 로봇을 제어하여 코딩을 학습할 수 있습니다. 크기는 작지만 LED, 스태핑 모터, 근접 센서, 가속도 센서, 조도 센서, 온도 센서, 피에조 스피커 등을 내장하고 있어 다양한 활동을 할 수 있다는 장점이 있습니다. 그리고 외부 확장 단자를 가지고 있기 때문에 추가로 모터와 다양한 센서를 연결할 수 있는 확장성도 가지고 있습니다. 본 책에서는 다양한 프로그래밍 언어 중 엔트리를 활용하여 여러 가지 프로젝트를 진행하고자 합니다.

부록 다운로드 및 사용법

본 교재의 터틀과 햄스터를 이용한 로봇 코딩에는 여러 가지 배경 그림이나 스티커와 같은 부록이 사용됩니다. 배경 그림은 인터넷에서 다운로드하고 이를 프린터하여 누구나 사용할 수 있도록 했습니다. 부록은 아래의 URL에 접속하여 다운로드할 수 있습니다. 출력 용지는 A3와 A4 용지로 구분되어 있지만, 가급적이면 A3용 파일을 다운로드하여 사용하기 권장합니다.

URL : http://itbook.kyohak.co.kr/coding/turtle_hamster/

머리말

시대의 흐름에 따라 교육도 변화할 수 밖에 없습니다. 4차 산업혁명이 도래하고, 코로나19 펜데믹을 겪으면서 앞으로 우리 미래는 어떻게 펼쳐질지 쉽게 짐작할 수 없습니다. 우리 아이들은 어떤 미래를 만들어 가야 할까요? 아마도 예측 불가능하고 불확실하며, 모호한(VUCA) 미래를 현재 만들어 가는 것도 우리일테지요. 무엇보다 중요한 것은 어떤 파도가 다가올지 예상하는 것보다는 어떠한 파도가 오더라도 이겨낼 수 있는 역량을 기르는 것이 아닐까요?

교육부는 2022개정교육과정의 배경으로 예측할 수 없는 변화에 대응할 수 있는 교육혁신의 필요성을 강조하였습니다. 더구나 학령 인구 감소와 함께 학생 한 명 한 명이 소중한 지금, 학생의 다양한 요구를 충족하고 미래 역량을 길러주기 위해 우리 모두가 노력해야 할 시점입니다.

그렇다면 어떤 역량을 키워야 할까요? 바로 학생 주도성입니다. 자신이 배우고 싶은 내용을 배울 수 있을 때 학생 주도성은 발현됩니다. 특히 빠르게 변화하는 시대에 다양해지고 있는 학생들의 요구를 충족시키고, 코로나19를 비롯한 기후 변화 등 생태적 위기를 함께 극복하기 위해서는 더더욱 학생 주도성을 키워나가야 할 것입니다.

디지털 전환과 함께 불확실한 미래에 생길 다양한 문제 상황에서도 그 문제를 해결할 수 있는 역량을 키우기 위해서는 SW·AI 교육이 중요해지고 있습니다. 그리고 입시에 매몰되는 것이 아닌 학생 자신의 각자 다양한 삶을 살아가기 위한 힘을 키우기 위해서 학생이 주도하는 배움이 필요합니다.

    학생이 주도하는 배움, 디지털 전환에 따른 창의성과 문제 해결력을 키우기 위해, 무엇보다 놀이처럼 즐겁게 배울 수 있는 경험을 제공하고자 이 책을 펴내게 되었습니다.

    직접 부딪혀 보고 경험해 보는 것은 좋은 배움이 됩니다. 햄스터 로봇과 터틀 로봇처럼 작은 로봇을 직접 만져 보고, 코딩을 통해 움직여 보면서 시행착오를 겪고 해결하는 이런 경험을 통해 아이들의 호기심을 자극하고, 주도적이고 즐거운 배움으로 작은 도움이 되길 기대해 봅니다.

    이 책은 누구나 쉽게 따라해 볼 수 있도록 내용을 구성하였습니다. 그리고 따라해 보는 활동과 함께 '왜', '어떻게'라는 고민도 해 볼 수 있는 프로젝트를 구성하고자 노력하였습니다. 함께 환경 오염, 기후 위기, 안전에 대한 위협 등 우리 삶과 맞닿아 있는 내용들을 로봇과 코딩을 활용하여 해결해 보는 경험은 존 듀이가 이야기했던 것처럼 'Learning by Doing'이 될 것입니다.

– 저자 일동

차례

PART-1 터틀과 미션 해결하기

1. 블랙 & 화이트 12
- 무엇을 배울까? 12
- 화이트밸런스 맞추기 14
- 라인트레이싱 시작하기 15
- 터틀 길 찾기 16
- 도전하기 19

2. 터틀 사다리 게임 20
- 무엇을 배울까? 20
- 사다리 게임 알아보기 22
- 여러 가지 색으로 명령하는 법 알아보기 24
- 마커 펜을 이용하여 색칠하기 25
- 재활용 쓰레기 유리병 분리 수거하기 26
- 재활용 쓰레기 캔 분리 수거하기 28
- 재활용 쓰레기 플라스틱 분리 수거하기 30
- 도전하기 32

3. 해양구조대 터틀 34
- 무엇을 배울까? 34
- 카드를 이용한 코딩 알아보기 36
- 카드 코딩 모드 37

카드로 터틀 움직이기 …………………………………………… 39
구조 신호 보내기 ……………………………………………… 41
도전하기 ………………………………………………………… 42

4. 바다 지킴이 터틀 …………………………………………… 44

무엇을 배울까? ………………………………………………… 44
반복 카드 알아보기 …………………………………………… 46
선택 카드 알아보기 …………………………………………… 47
함수 카드 알아보기 …………………………………………… 48
규칙을 찾아라! ………………………………………………… 49
카드 코딩 실행하기 …………………………………………… 52
도전하기 ………………………………………………………… 53

5. 미세 먼지 알리미 터틀 …………………………………… 54

무엇을 배울까? ………………………………………………… 54
엔트리에 연결하기 …………………………………………… 56
미세 먼지 수준을 알려주는 터틀 …………………………… 59
엔트리 화면 구성하기 ………………………………………… 60
미세 먼지 정보 물어보기 …………………………………… 61
룰렛 화살표로 미세 먼지 수치 표현하기 …………………… 63
도전하기 ………………………………………………………… 65

차례

6. 아티스트 터틀 ·· 66
- 무엇을 배울까? ·· 66
- 카드 코딩으로 그림 그리기 ································ 68
- 엔트리 블록 확인하기 ······································ 70
- 여러 가지 도형 그리기 ····································· 71
- 반복되는 그림 그리기 ······································ 73
- 도전하기 ··· 75

PART-2 햄스터와 미션 해결하기

7. 햄스터와 첫 만남 ·· 78
- 무엇을 배울까? ·· 78
- 햄스터가 무엇인가요? ······································ 80
- 햄스터의 구조에 대해 알아볼까요? ···················· 80
- 햄스터와 햄스터-S의 차이는 무엇인가요? ·········· 81
- 햄스터와 엔트리 연결하기 ································ 82
- 햄스터를 안전하게 운전해 보아요 ····················· 85
- 도전하기 ··· 87

8. 우리 마을을 지키는 햄스터 로봇 ····················· 88
- 무엇을 배울까? ·· 88
- 밝기 센서로 햄스터 움직이기 ···························· 90

LED 켜고 끄기 ··· 93

햄스터에서 소리 표현하기 ··· 95

우리 마을 지킴이 햄스터 로봇 순찰차 ·· 97

도전하기 ·· 99

9. 위험 신호 알리고 재난 방송하기 ·· 100

무엇을 배울까? ··· 100

근접 센서로 장애물 피해서 이동하기 ··· 102

바닥 센서로 낭떠러지 피해서 이동하기 ··· 104

가속도 센서로 사고 발생 알리기 ·· 106

재난 안내 방송하기 ·· 110

도전하기 ·· 113

10. 선따라 이동하고 길찾기 ·· 114

무엇을 배울까? ··· 114

라인트레이싱 알아보기 ·· 116

근접 센서로 길 찾기 ·· 118

도전하기 ·· 121

PART-1

터틀과 미션 해결하기

1 블랙&화이트

귀여운 거북이를 닮은 '터틀' 로봇을 알아보고, 터틀을 활용하여 다양한 미션을 해결하여 봅시다. 터틀은 컬러 코딩 모드, 라인

부록-3

무엇을 배울까?

1. 터틀의 라인 트레이싱 모드를 실행하는 방법을 알아봅니다.
2. 라인 트레이싱을 할 때 주의사항에 대해 알아봅니다.
3. 라인 트레이싱 기능을 사용하여 여러 가지 미션을 해결하여 봅니다.

생각해 보기

1. 라인 센서는 어디에 있을까?
2. 선을 어떻게 그려야 할까?
3. 터틀을 어디에 두고 시작해야 할까?

준비물

터틀 로봇 1대, 검은색 마커 펜, 부록-1 ~ 부록-4

Coding School

트레이싱 모드, 카드 코딩 모드 등 다양한 기능이 있습니다. 이번 단원에서는 터틀의 라인 트레이싱 모드를 알아보겠습니다.

Q1 라인 트레이싱을 위한 검은색 선을 그릴 때 아무 펜이나 사용해도 될까요?
라인 코딩용 마커 펜을 사용하는 것이 좋습니다. 다른 펜은 인식하지 못할 수도 있습니다.

Q2 터틀이 검은색 선을 인식하지 못하면 어떻게 해야 할까요?
흰색을 인식시켜서 다른 색을 정확하게 구분할 수 있도록 화이트 밸런스(14쪽)를 맞춥니다.

라인 트레이싱: 검은색 선을 따라가는 기능

터틀

화이트 밸런스 맞추기

01 터틀의 전원을 켭니다.

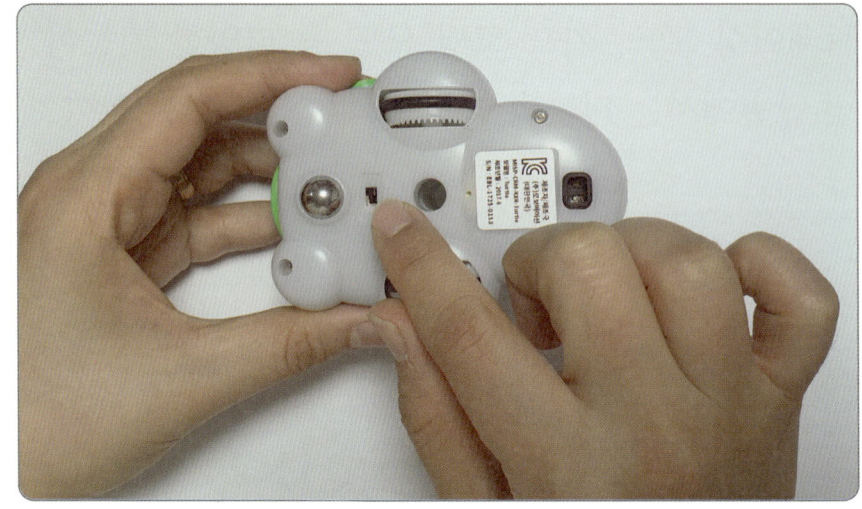

02 흰색 종이 위에 터틀을 올리고, 터틀의 등을 두 번 눌러줍니다.

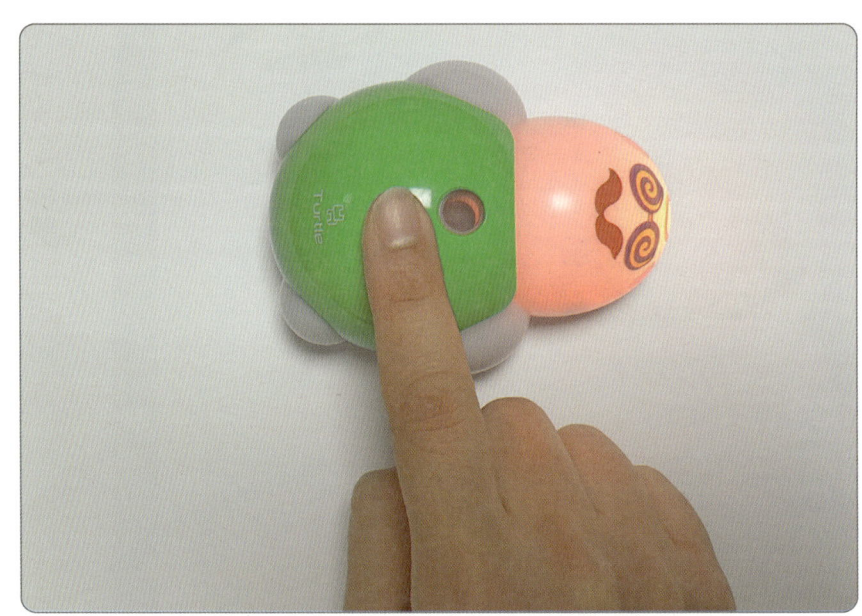

03 '삐' 소리가 나면 화이트 밸런스가 맞춰집니다.

라인 트레이싱 시작하기

01 터틀의 전원을 켭니다.

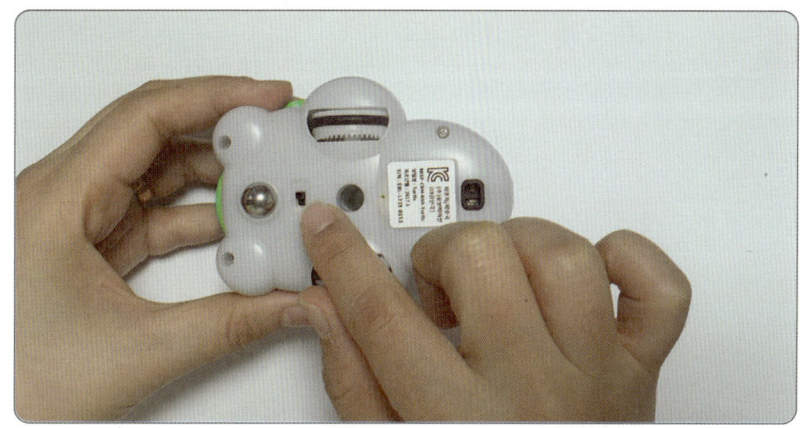

02 터틀의 머리 아래에는 라인 센서가 있습니다. 터틀을 선 오른쪽에 두어야 터틀이 라인을 잘 따라 움직입니다.

03 터틀의 등을 한 번 누르면, 얼굴이 주황색으로 바뀌면서 라인 트레이싱 모드가 됩니다.

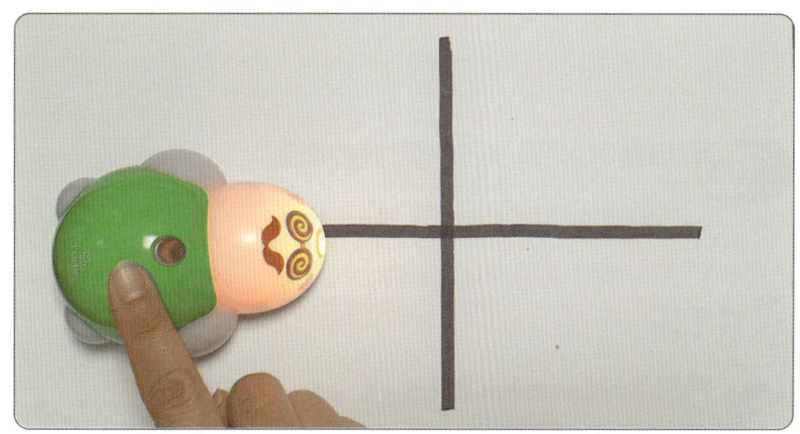

04 선 위에 터틀을 두고 등을 한 번 누르면, 터틀의 얼굴이 흰색으로 바뀌고 터틀이 선을 따라갑니다.

터틀

터틀 길 찾기

 '부록-1'을 준비합니다.

 터틀이 집을 찾아갈 수 있도록 검은색 펜으로 길을 이어줍니다.

TIP
선의 두께는 6mm 이상이어야 합니다.

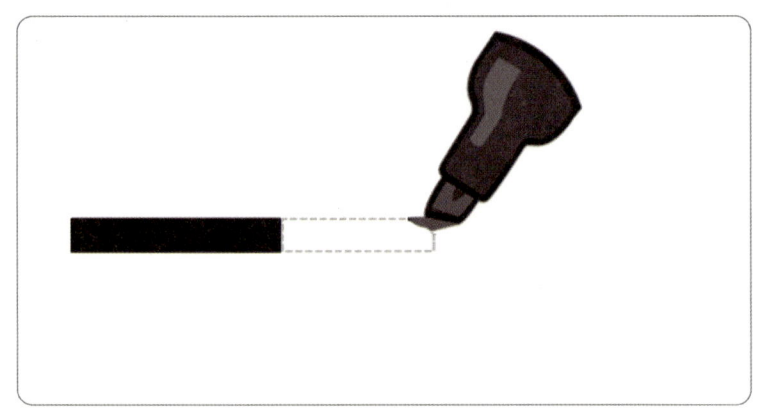

 터틀이 선을 따라 집을 제대로 찾아가는지 실행하여 봅시다.

TIP
터틀을 선의 오른쪽에 두어야 라인을 잘 따라 움직입니다.

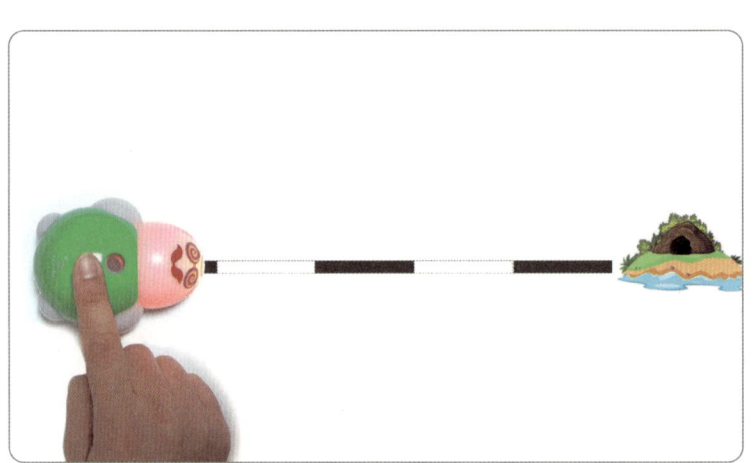

04 '부록-2'를 준비합니다.

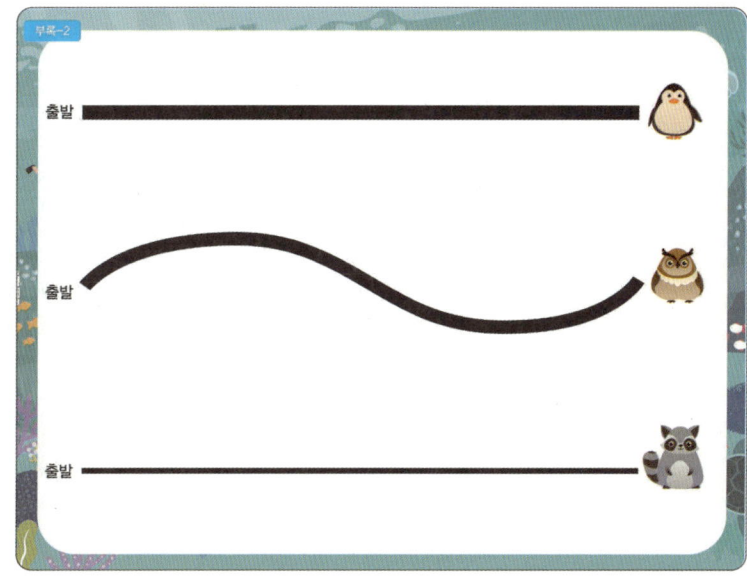

05 터틀이 선을 따라가서 만날 수 없는 친구는 누구인가요? 왜 그렇게 생각하였는지 이유를 함께 적어봅시다.

----

06 05 에서 적은 내 예상이 맞았는지 실행하여 확인해 봅시다.

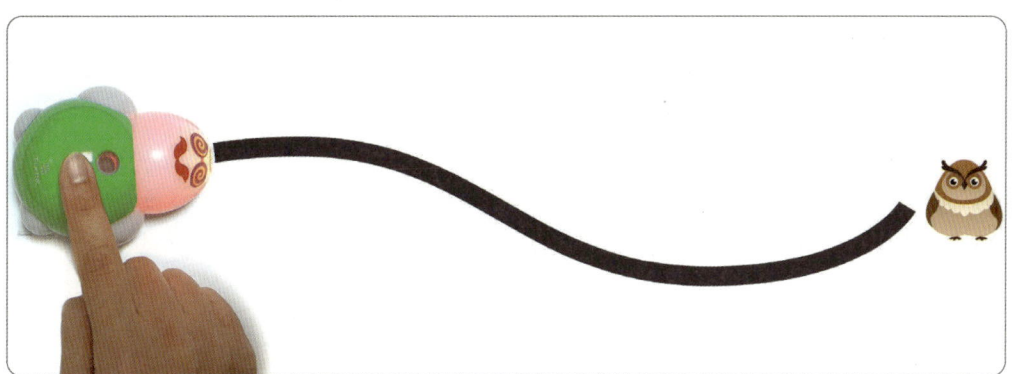

터틀

07 '부록-3'을 준비합니다.

08 터틀이 장애물을 피해 미역을 먹으려면 어떻게 가면 좋을까요? 직접 길을 그려 봅시다.

09 길을 따라 터틀이 먹이를 제대로 찾을 수 있는지 실행하여 봅시다.

도전하기

사다리 게임을 해 본 적이 있나요? 사다리 게임은 선을 따라 위에서 아래로 내려오는 게임입니다. 중간에 '가로선'을 만나면 옆으로 이동합니다. '부록-4'에 선을 추가하여 사다리 게임을 만들어 봅시다.

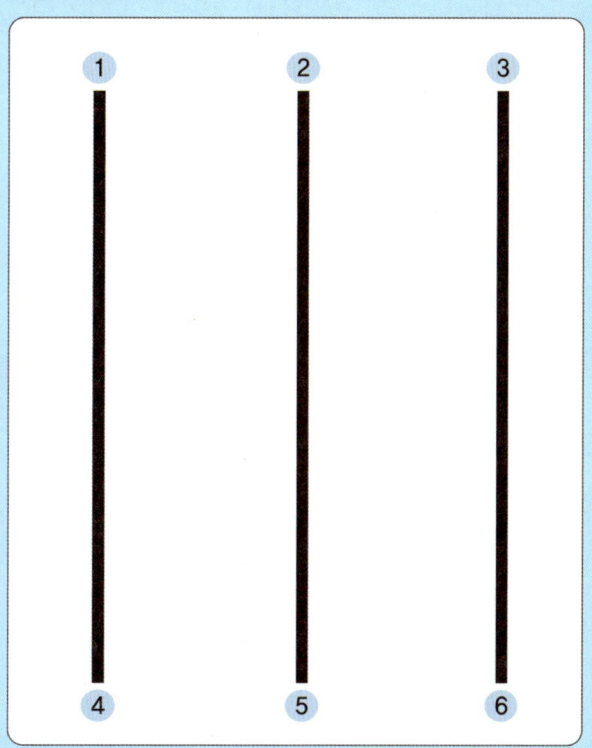

Mission 01 내가 만든 사다리 판을 보고 1~3번에서 출발하면, 각각 몇 번에 도착할지 예상하여 봅시다.

1번 - (　　)번, 2번 - (　　)번, 3번 - (　　)번

Mission 02 라인 트레이싱 기능을 활용하여 터틀이 실제로 몇 번에 도착하는지 실행하여 봅시다.

Q1 1번에서 출발하면 몇 번에 도착하나요? (　　　　　　)

Q2 2번에서 출발하면 몇 번에 도착하나요? (　　　　　　)

Q3 3번에서 출발하면 몇 번에 도착하나요? (　　　　　　)

Mission 03 내가 예상한 결과와 실제로 로봇이 도착한 결과가 같나요? 다르다면 왜 이런 결과가 나왔을지 이유를 적어봅시다.

2 터틀 사다리 게임

터틀이 검은색 선을 따라가다가 교차로가 나왔을 때, 원하는 방향으로 움직이도록 하려면 색깔 코드를 사용해야 합니다. 터틀의

무엇을 배울까?

1. 터틀에게 색으로 명령을 내리는 방법에 대해 알아봅니다.
2. 색으로 명령을 내릴 때 주의할 점을 알아봅니다.
3. 여러 가지 색을 가지고 사다리 게임에 도전합니다.

생각해 보기

1. 색을 어떻게 칠해야 할까?
2. 각각의 색깔을 인식하면 어떤 동작을 할까?
3. 사다리 게임의 규칙은 무엇일까?

준비물

터틀 로봇 1대, 여러 가지 색 마커 펜, 부록-5 ~ 부록-12

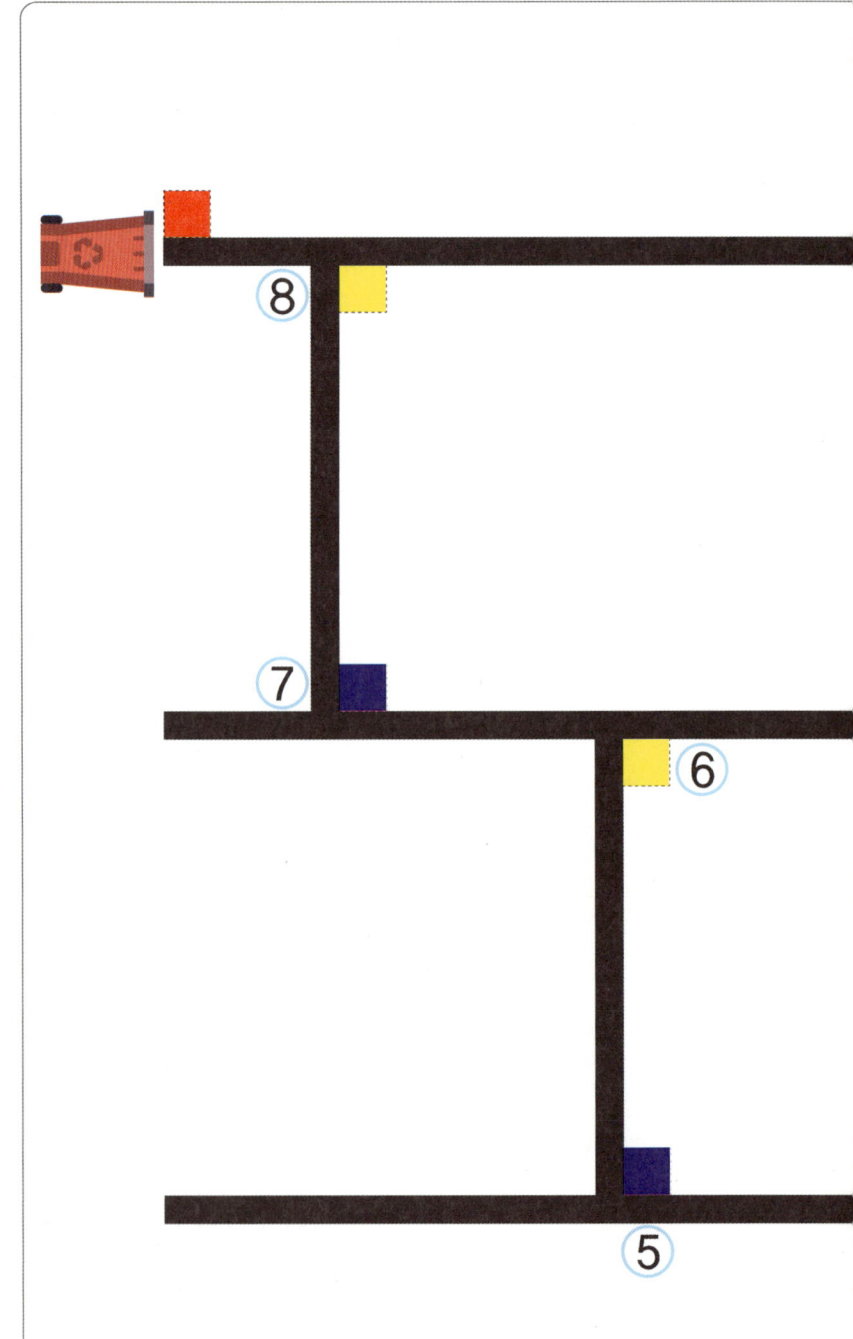

Coding School

색깔 코드는 정해 놓은 색깔에 따라 다른 동작을 합니다. 여기에서는 색깔 코드를 이용해서 사다리 게임을 해 보겠습니다.

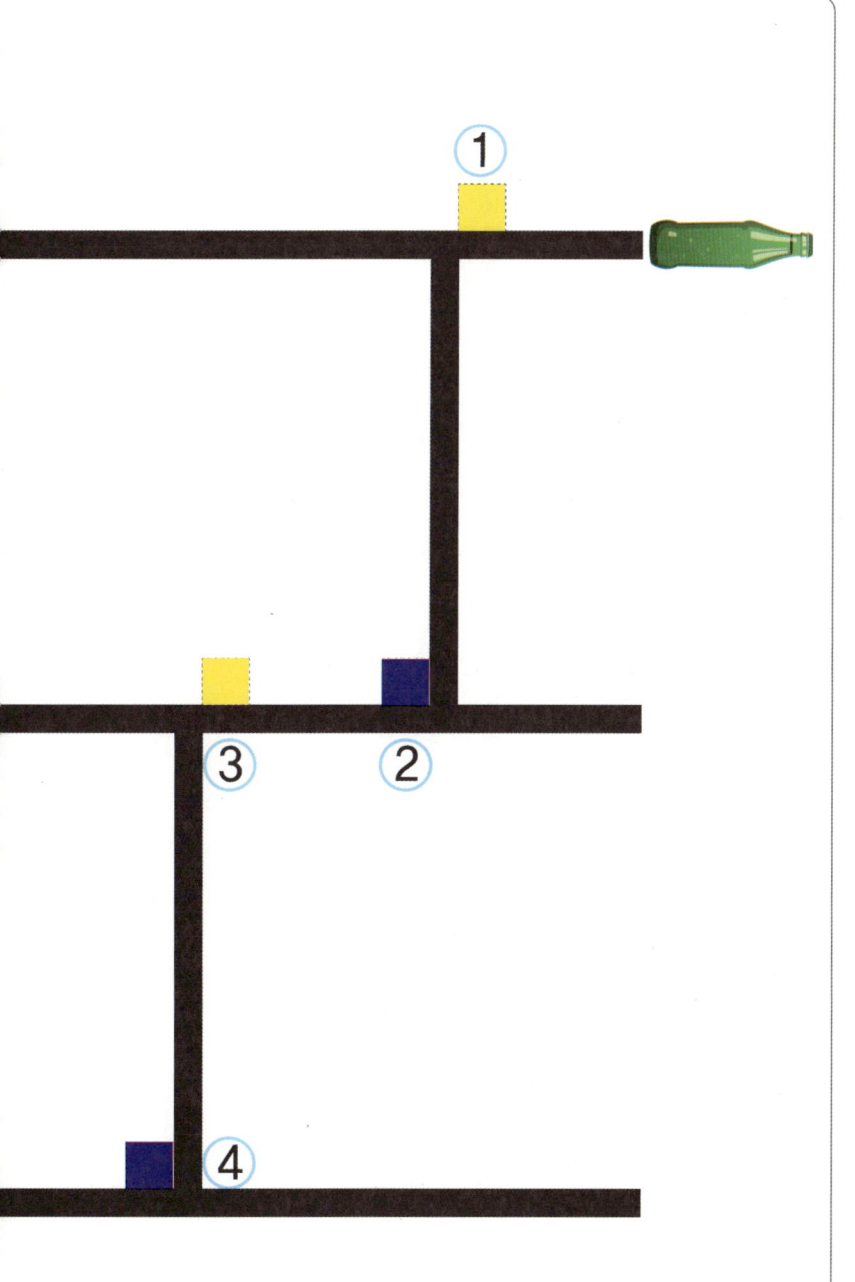

Q1 색으로 명령을 내리려면 어떤 도구를 사용할 수 있을까요?

터틀 전용 라인 코딩용 마커나 스티커를 사용하면 로봇에게 명령을 할 수 있습니다. 만일, 전용 마커와 스티커가 아니라면 인식이 잘 되지 않아 실습이 제대로 진행되지 않을 수 있습니다.

Q2 터틀이 색을 인식하지 못하면 어떻게 해야 할까요?

1) 화이트 밸런스(14쪽)를 맞춰주세요.
2) 색깔 코딩의 위치와 크기를 확인해 보세요.

컬러 센서 : 터틀 머리 부분의 아래 쪽에는 컬러 센서가 있습니다.

터틀

사다리 게임 알아보기

사다리 게임을 해본 적 있나요? 사다리 게임은 위와 아래가 하나씩 연결되기 때문에 순서를 정하거나, 짝을 정할 때 많이 사용합니다. 사다리 게임의 규칙은 간단합니다.

첫째, 세로선을 따라 아래로 내려갑니다.

둘째, 가로선을 만나면 선을 따라 옆의 세로선으로 이동합니다.

사다리 게임을 한 번 해볼까요? 위 쪽의 1번은 아래쪽의 어떤 물건에 도착하는지 알아봅시다.

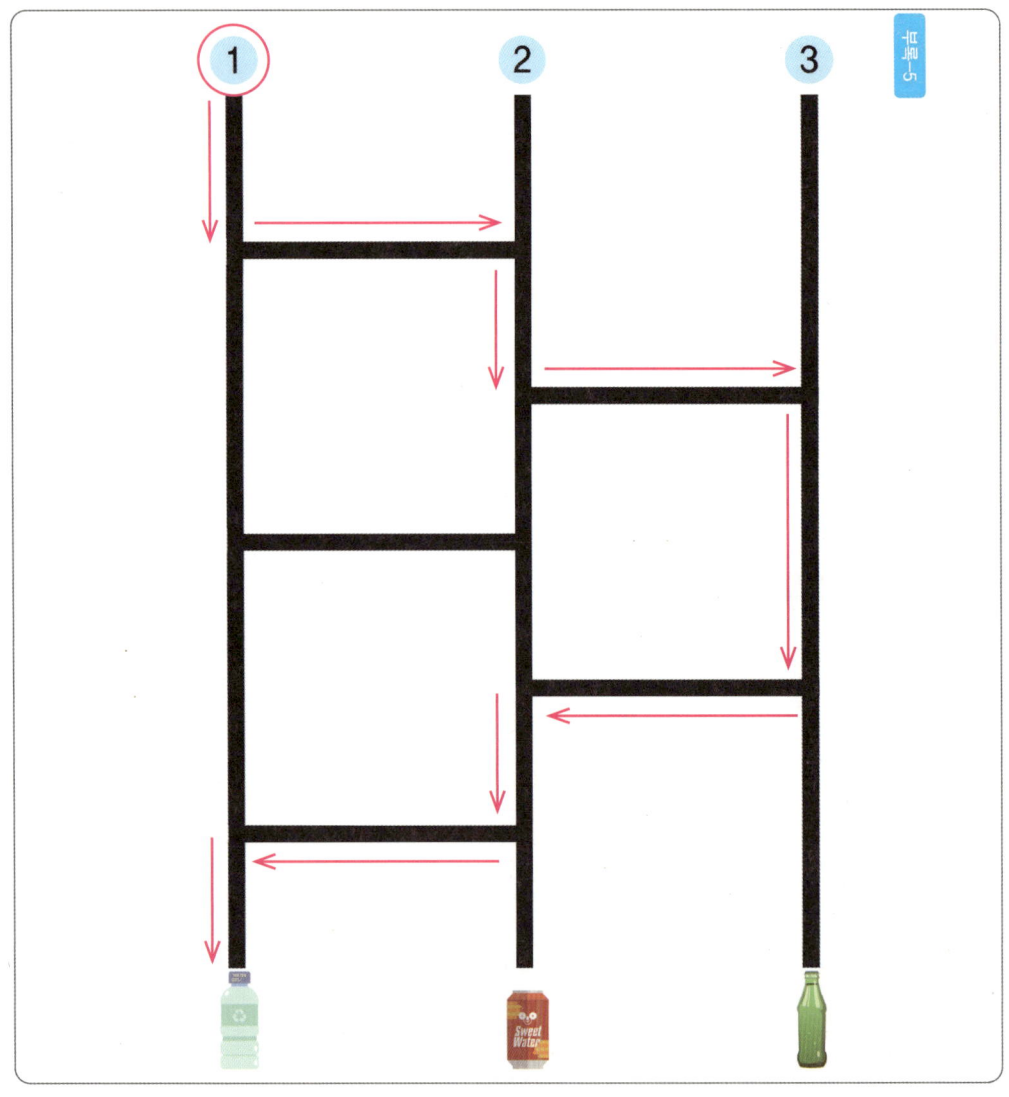

* 위쪽의 2, 3번은 각각 아래쪽의 어떤 물건에 도착하는지 적어봅시다.

1번 - 플라스틱 병,   2번-(✎   ),   3번-(✎   )

01 터틀로 사다리 게임을 해 보려고 합니다. '부록-5'의 사다리 게임의 결과를 예상해 보고, 1번부터 3번까지 숫자에 터틀을 두고 라인 트레이싱을 실행하여 봅시다.

✏️	1번	2번	3번
사다리 게임 결과 예상	플라스틱 병		
라인 트레이싱 결과			

02 나의 예상과 결과가 똑같이 나왔나요? 왜 이런 결과가 나왔는지 생각을 자유롭게 적어봅시다.

---

03 사다리 게임을 하려면, 사다리 게임의 규칙에 맞게 세로선과 가로선이 만나는 곳에서 어느 쪽으로 가야 하는지 터틀에게 명령을 내려야 합니다.

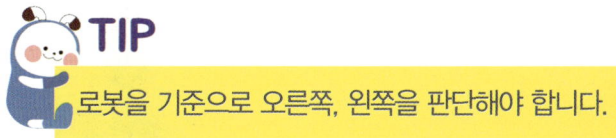

TIP 로봇을 기준으로 오른쪽, 왼쪽을 판단해야 합니다.

터틀

여러 가지 색으로 명령하는 법 알아보기

01 여러 가지 색으로 어떤 명령을 내릴 수 있는지 알아봅시다.

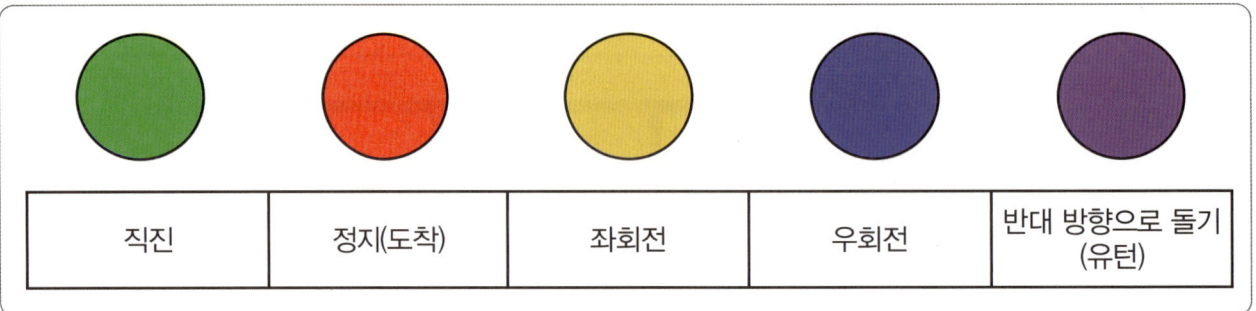

| 직진 | 정지(도착) | 좌회전 | 우회전 | 반대 방향으로 돌기 (유턴) |

02 '부록-6' ~ '부록-8'에 마커 펜으로 색을 칠하고 실행하여 터틀의 움직임을 살펴봅시다.

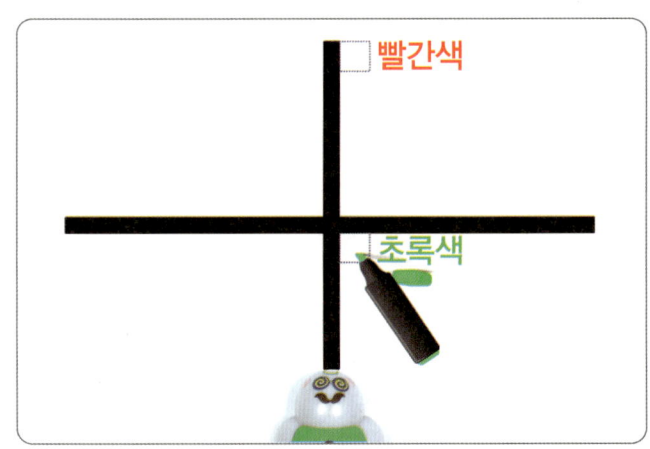

03 터틀이 이동하는 방향의 오른쪽에 색을 칠해야 합니다. 알맞은 그림에 ○를 표시하세요.

(   )   (   )

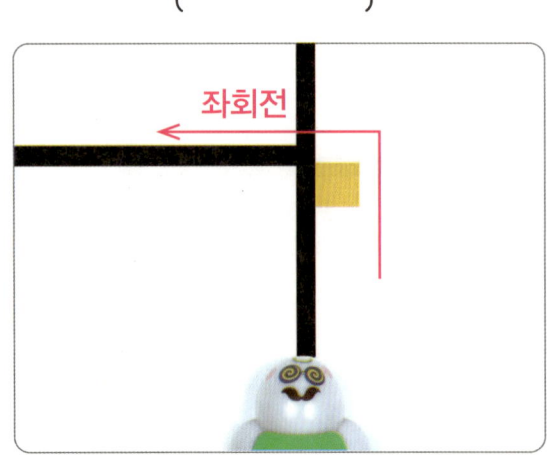 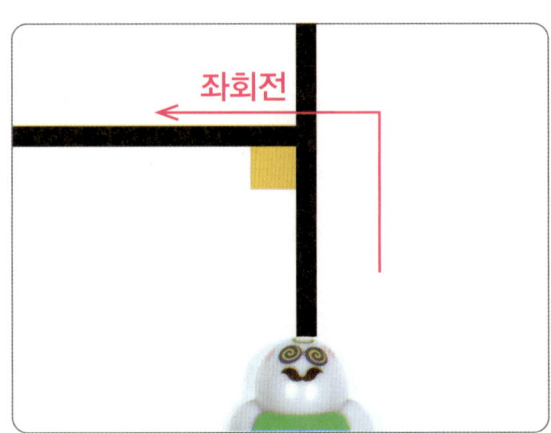

마커 펜을 이용하여 색칠하기

01 터틀은 선의 오른쪽을 따라 이동하기 때문에, 선의 오른쪽에 색을 칠해 주세요. 가로, 세로 1cm 정도로 색을 칠해야 합니다.

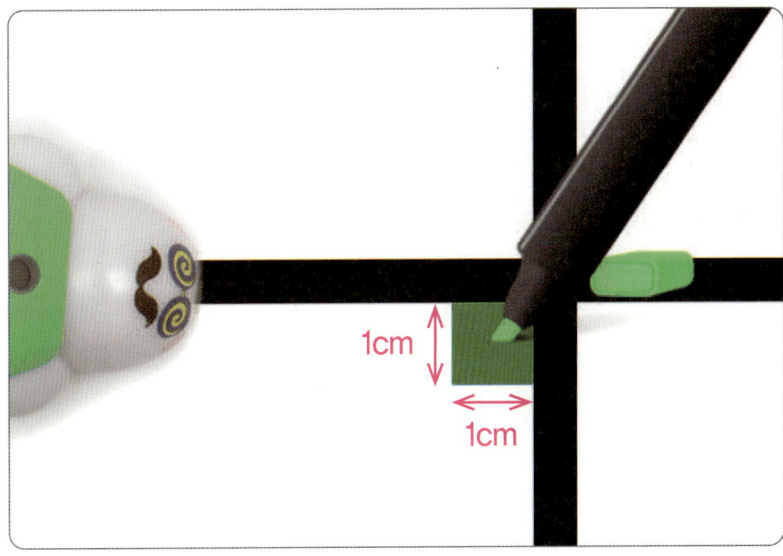

02 검은색 선에 붙여서 색을 칠해 주세요.

03 라인 트레이싱 모드(등 1번 누르기)에서 색을 제대로 인식하면, 터틀의 머리 색도 변하는 것을 확인할 수 있습니다.

터틀

재활용 쓰레기 유리병 분리 수거하기

01 '부록-9'을 준비하고 사다리 게임 규칙을 생각하며, 유리병을 빨간색 쓰레기통에 넣으러 가는 길을 표시해 봅시다.

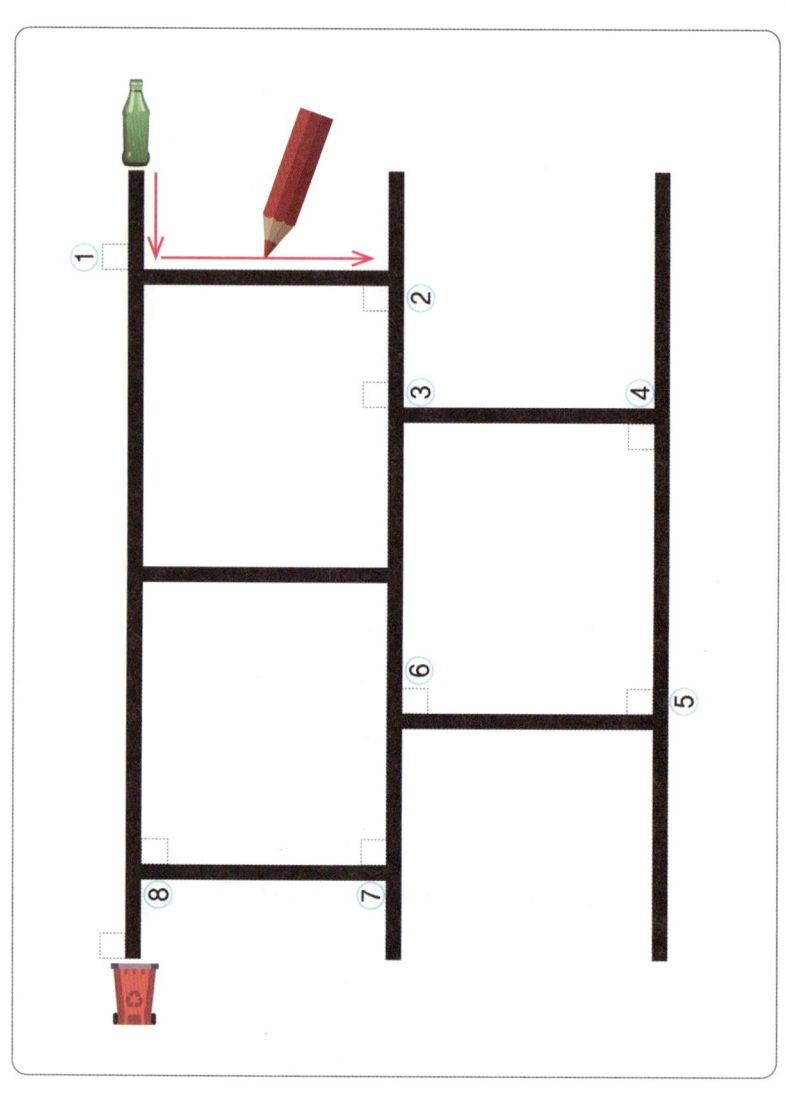

02 교차로에서 터틀이 어떻게 움직여야 하는지 명령어를 적어 봅시다.

1번 (왼쪽/좌회전) → 2번 (오른쪽/우회전)

→ 3번 ( ) → 4번 ( )

→ 5번 ( ) → 6번 ( )

→ 7번 ( ) → 8번 ( )

03 네모 안에 명령에 알맞은 색을 칠해 봅시다.

04 도착 지점에는 '정지' 명령의 색으로 칠을 합니다.

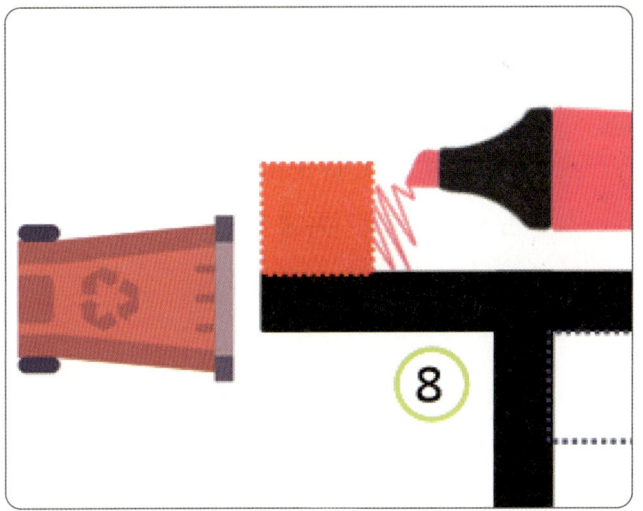

05 라인 트레이싱 모드를 실행하여 색 코딩이 제대로 되었는지 확인하여 봅시다.

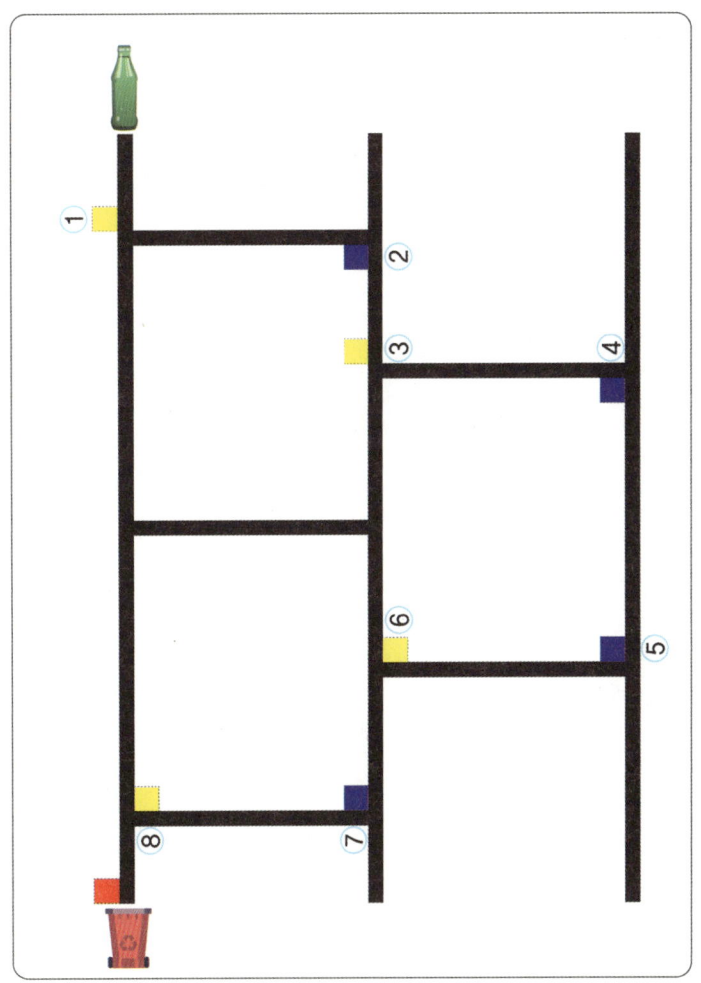

터틀

재활용 쓰레기 캔 분리 수거하기

01 '부록-10'을 준비하고, 사다리 게임 규칙을 생각하면서 캔을 노란색 쓰레기통에 넣으러 가는 길을 표시해 봅시다.

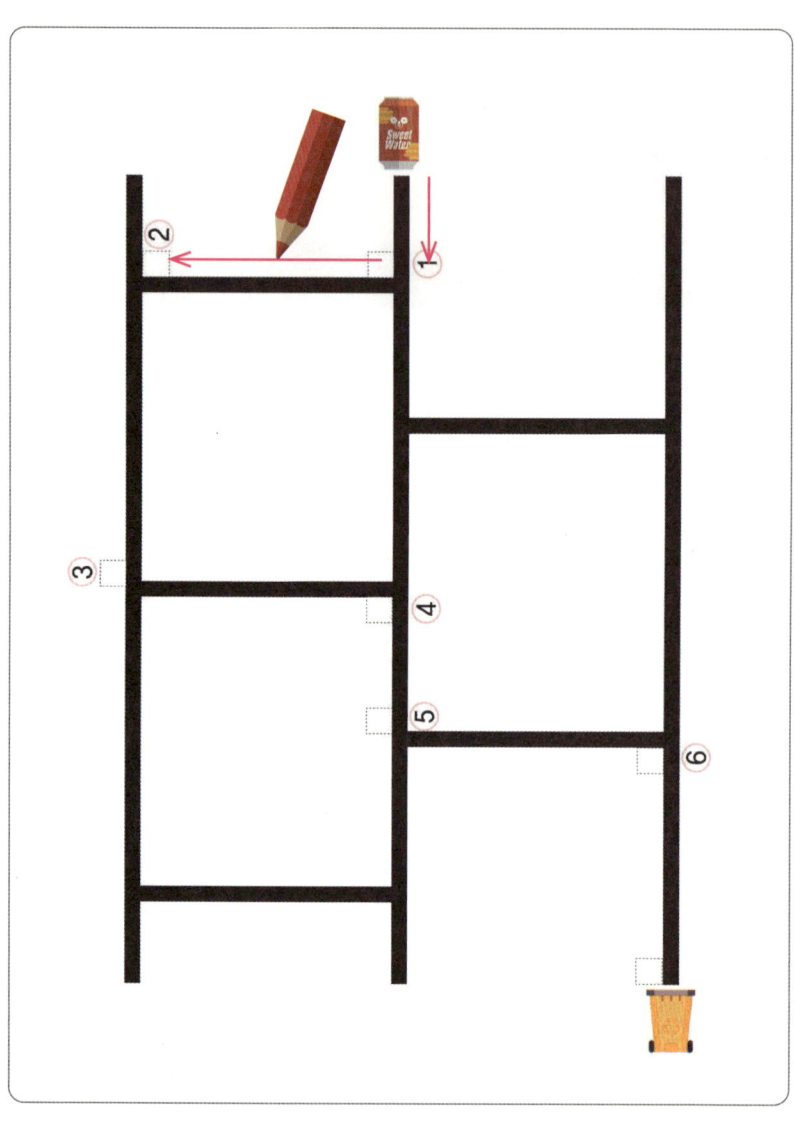

02 교차로에서 터틀이 어떻게 움직여야 하는지 명령어를 적어 봅시다.

1번(오른쪽/우회전) → 2번(왼쪽/좌회전)

→ 3번(✎　　　　) → 4번(✎　　　　)

→ 5번(✎　　　　) → 6번(✎　　　　)

03 네모 안에 명령에 알맞은 색을 칠해 봅시다.

04 도착 지점에는 '정지' 명령의 색깔을 표시합니다.

05 라인 트레이싱 모드를 실행하여 색 코딩이 제대로 되었는지 확인하여 봅시다.

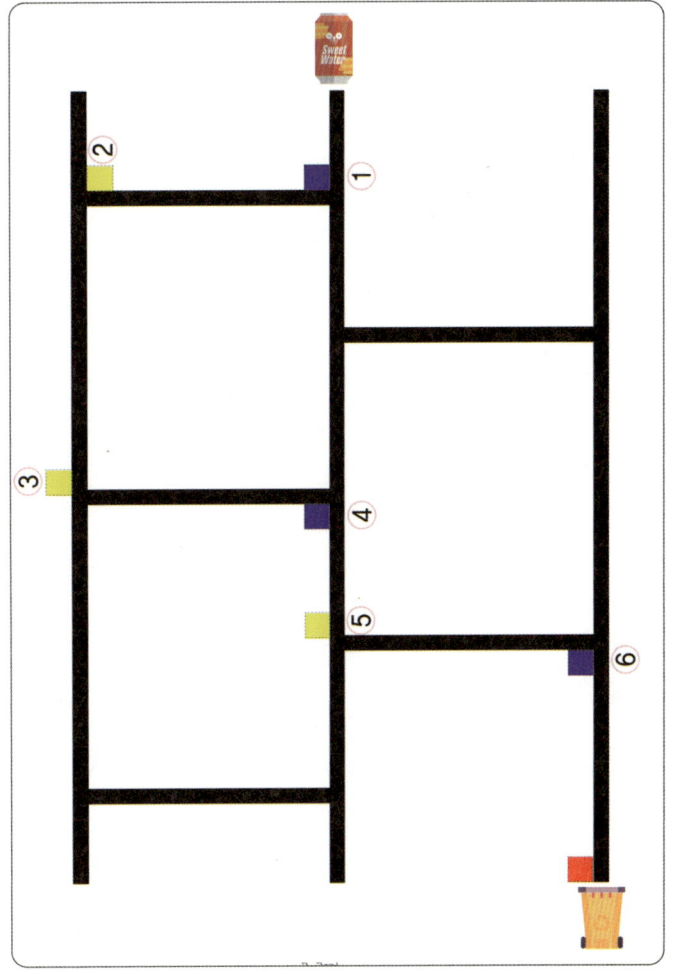

터틀

재활용 쓰레기 플라스틱 분리 수거하기

01 '부록-11'을 준비하고, 사다리 게임 규칙을 생각하면서 플라스틱을 초록색 쓰레기통에 넣으러 가는 길을 표시해 봅시다.

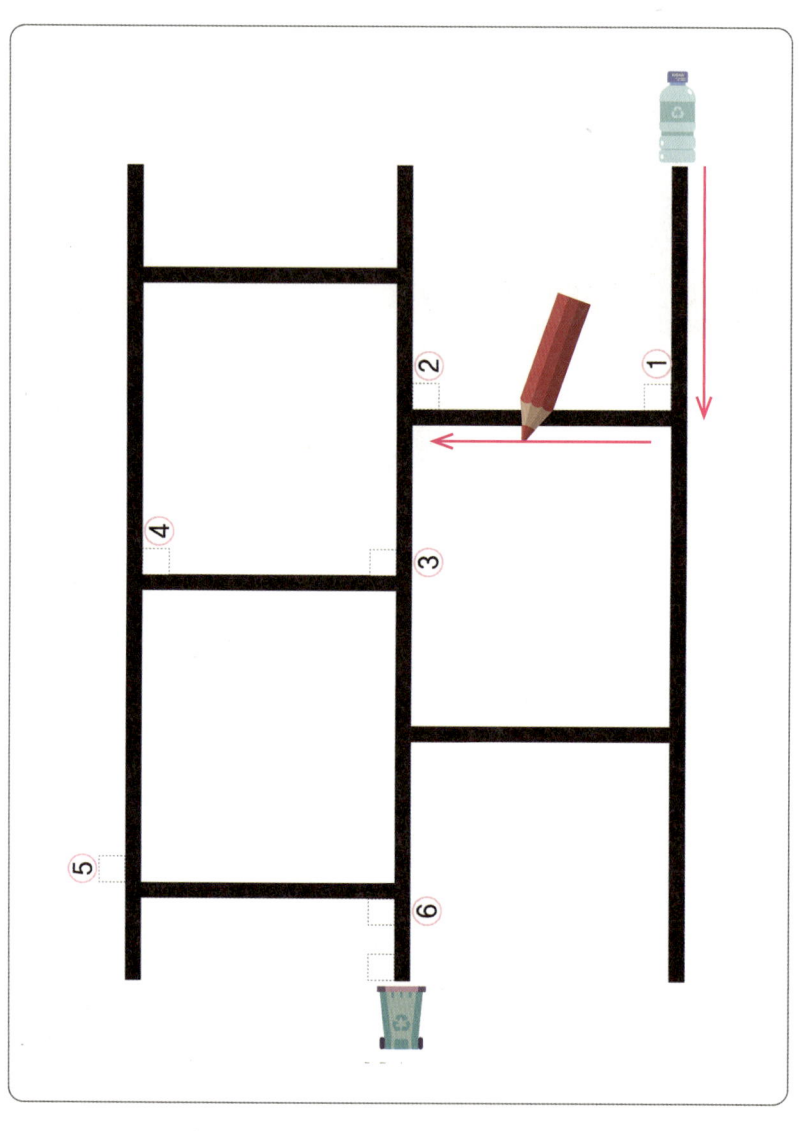

02 교차로에서 터틀이 어떻게 움직여야 하는지 명령어를 적어 봅시다.

1번 (오른쪽/우회전) → 2번 (왼쪽/좌회전)

→ 3번 (✏️   ) → 4번 (✏️   )

→ 5번 (✏️   ) → 6번 (✏️   )

03 네모 안에 명령에 알맞은 색을 칠해 봅시다.

04 도착 지점에는 '정지' 명령의 색으로 표시합니다.

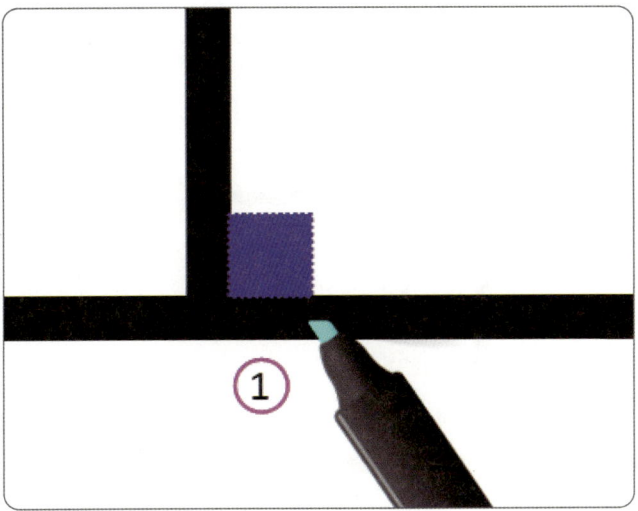

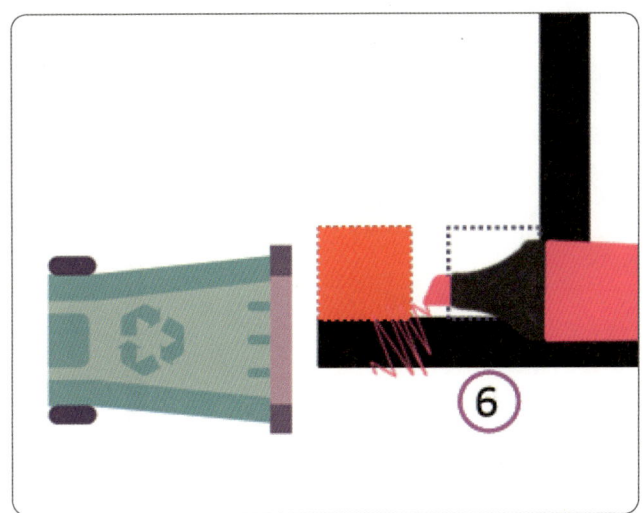

05 라인 트레이싱 모드를 실행하여 색 코딩이 제대로 되었는지 확인하여 봅시다.

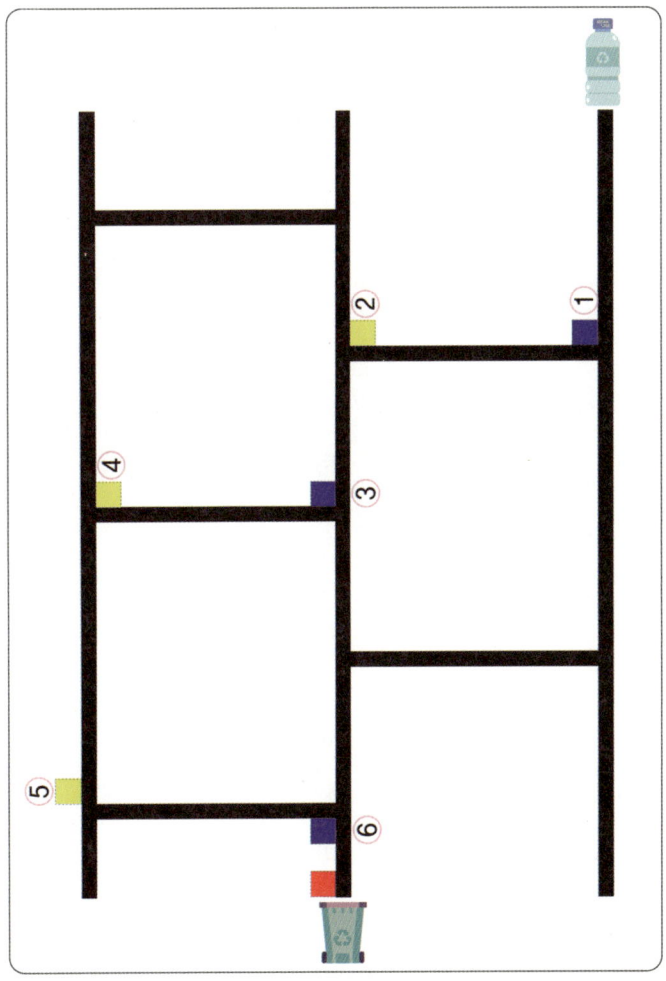

터틀

도전하기

'부록-12'에서 터틀이 모든 쓰레기를 가지고 쓰레기통에 도착할 수 있도록 색으로 명령을 내려 봅시다.

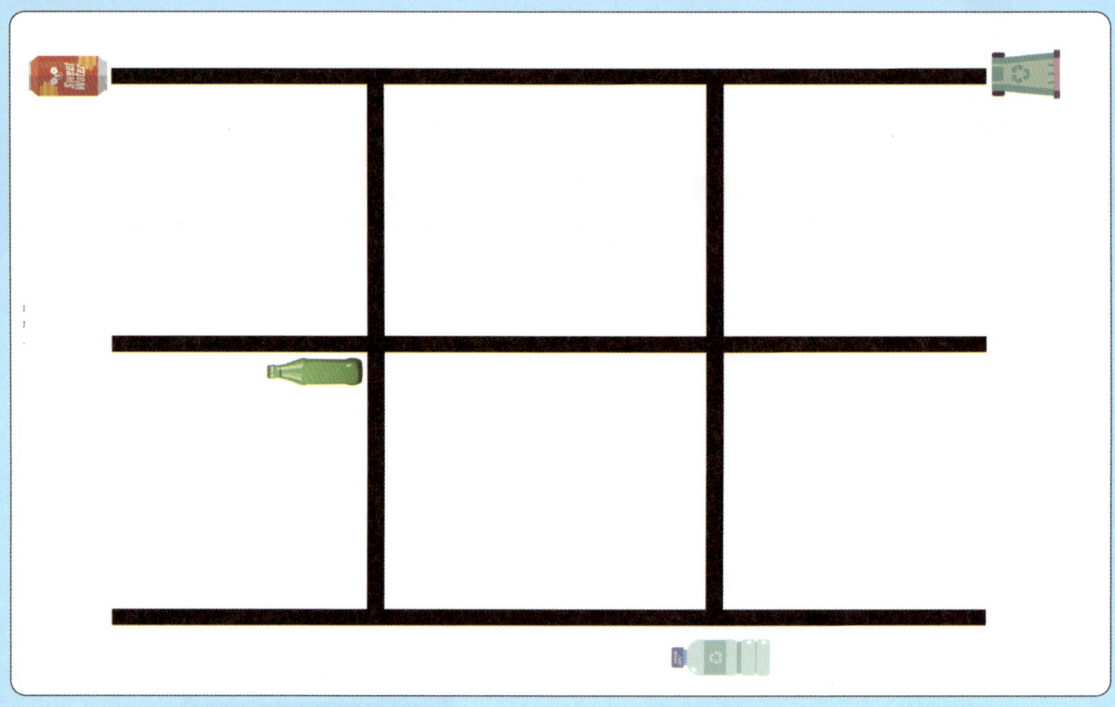

Mission 01 어떤 순서로 쓰레기를 주우면 좋을까요?

(   ) → (   ) → (   )

Mission 02 터틀이 지나가야 하는 길을 생각해 봅시다.

Mission 03 터틀이 쓰레기를 모두 줍고 쓰레기통이 있는 곳에 도착할 수 있도록 마커 펜이나 스티커로 색을 표시하여 명령을 내려 봅시다.

Mission 04 라인 트레이싱 모드로 실행하여 보고, 수정하고 싶은 부분을 적어봅시다.

알아보기

터틀 로봇 알아보기

터틀 로봇은 거북이를 닮은 작은 로봇입니다. 언플러그드 활동뿐만 아니라 PC와 연결하여 다양한 프로그램을 만들어 실행해 볼 수 있습니다. 터틀 로봇보다 작은 포켓 터틀 로봇도 있지만, 이 책에서는 터틀 로봇을 활용하여 다양한 미션을 해결합니다.

터틀과 포켓 터틀의 차이는 무엇인가요?

	터틀	포켓 터틀
크기	75mm × 95mm × 50mm	60mm × 75mm × 40mm
무게	100g	55g
센서 및 구동 장치	컬러 센서 라인 트레이싱 언플러그드 코딩(카드 코딩) 스태핑모터 풀 컬러 LED 피에조 스피커 3축 가속도 센서 블루투스 BLE(PC 및 안드로이드 연결)	컬러 센서 라인 트레이싱 언플러그드 코딩(카드 코딩) 스태핑모터 풀 컬러 LED 피에조 스피커
연속 사용 시간	평균 1시간	

*이미지 출처 : 로보메이션 공식몰

3 해양구조대 터틀

선을 따라 움직이는 라인 트레이싱, 색깔을 칠하는 컬러 코딩 이외의 방법으로 터틀을 움직일 수 있습니다. 앞으로, 뒤로가 쓰여

무엇을 배울까?

1. 터틀에게 카드로 명령을 내리는 방법에 대해 알아봅니다.
2. 카드로 명령을 내릴 때 주의할 점을 알아봅니다.
3. 소리와 LED로 여러 가지 신호를 만들어 봅니다.

생각해 보기

1. 카드는 어떤 특징이 있을까?
2. 카드 코딩 모드는 어떻게 시작할까?
3. 카드는 어떤 순서대로 실행될까?

준비물

터틀 로봇 1대, 터틀 카드, 종이컵, 부록-13 ~ 부록-14

Coding School

있는 카드로 터틀을 움직이는 카드 코딩이 있습니다. 여기에서는 카드와 LED 및 소리로 신호를 보내는 방법에 대해서 알아보겠습니다.

Q1 앞에서 입력했던 카드가 계속 실행됩니다.
새로운 카드를 입력하기 전에 등을 3초 이상 눌러, 이전 명령을 삭제합니다.

Q2 카드는 한 번에 몇 장까지 입력할 수 있나요?
한 번에 32장까지 입력할 수 있습니다.

터틀 카드 : 총 24장의 카드가 있으며, 카드 코딩 모드에서 사용할 수 있습니다.

터틀

카드를 이용한 코딩 알아보기

카드를 자세하게 관찰하여 봅시다.

카드를 배경색을 기준으로 분류하고, 각각 몇 장인지 세어봅시다.

기준(색)	빨강	노랑	초록	청록	파랑	보라
카드 개수 (총 24장)	예) 4장					

카드를 색깔 띠를 기준으로 분류하고, 공통점을 찾아 적어봅시다.

기준(띠)	(빨강 띠)	(노랑 띠)	(초록 띠)
공통점			
기준(띠)	(청록 띠)	(파랑 띠)	(보라 띠)
공통점			

 카드 코딩 모드

01 터틀의 전원을 켜고 등을 길게 1번 눌러 줍니다. '지지직' 소리가 나며 얼굴이 흰색으로 바뀝니다.

02 카드의 윗 부분(흰색)을 터틀의 머리 밑으로 밀어 넣습니다. '삐'소리가 나며, 얼굴이 카드의 배경색으로 바뀝니다.

03 등을 한 번 누르면, 카드 코딩이 실행됩니다. 입력된 카드를 모두 실행되면 '띠로리리' 소리를 냅니다.

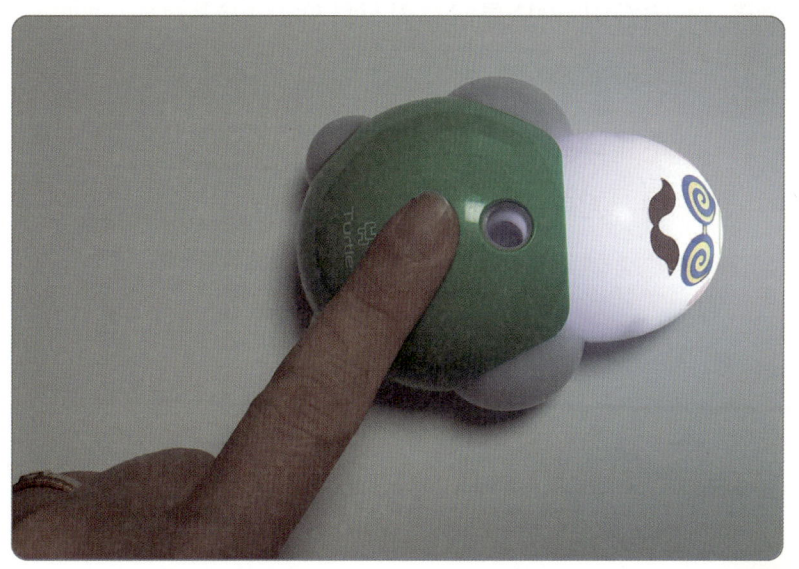

터틀

04 카드가 입력된 순서대로 실행됩니다.

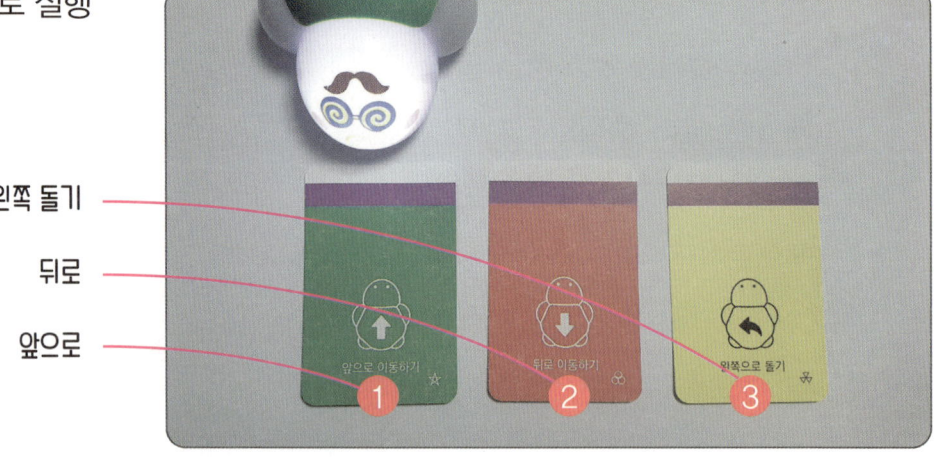

왼쪽 돌기
뒤로
앞으로

05 다른 명령을 입력하기 전, 등을 길게 한 번 누르면 '칙칙칙' 소리와 함께 얼굴이 빨갛게 변하면서 이전의 카드 명령은 삭제됩니다.

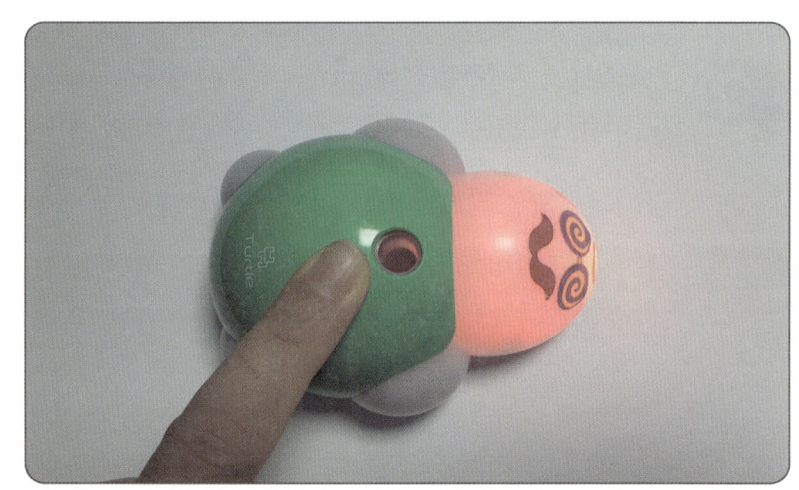

06 터틀이 카드를 잘 인식하지 못하면 화이트 밸런스를 맞춰 주세요(흰색 종이 위에서 두 번 누르기).

2번

 카드로 터틀 움직이기

01 카드의 띠가 보라색인 카드를 준비합니다.

02 '부록-13'의 출발선에 터틀을 두고, '이동하기' 카드를 실행해 봅시다.

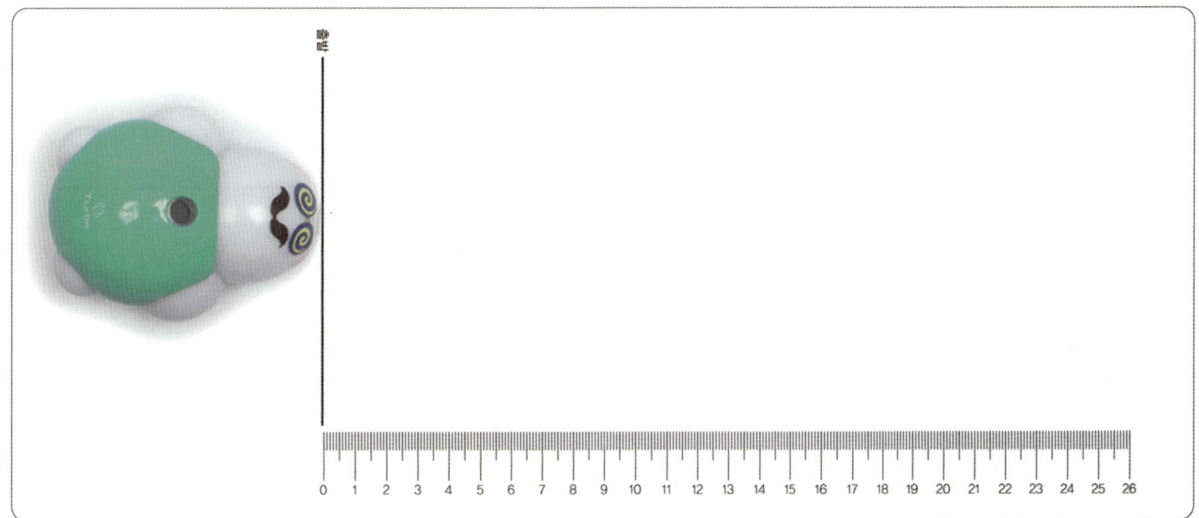

03 '부록-14'의 출발선에 터틀을 두고, '돌기' 카드를 실행해 봅시다.

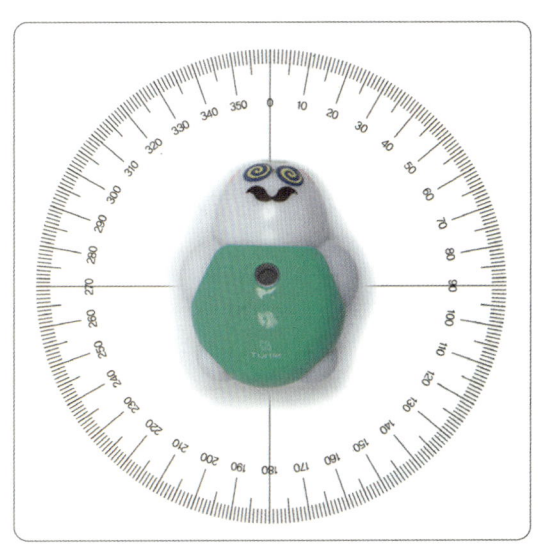

터틀

04 카드의 띠가 노란색인 카드를 준비합니다.

05 ❶번과 ❷번 프로그램을 입력해 보고, 어떤 차이가 있는지 적어봅시다.

❶번:

❷번:

06 카드의 띠가 초록색인 카드를 준비합니다.

07 각각의 카드를 실행시켜 어떤 소리가 나는지 적어 봅시다.

예) 삐용 - 새소리 같다.

구조 신호 보내기

01 종이컵이나 물병에 스티커 부록에 있는 사람 스티커를 붙입니다.

02 터틀이 물에 빠진 사람을 도우러 갈 수 있도록 카드로 명령을 내려봅시다.

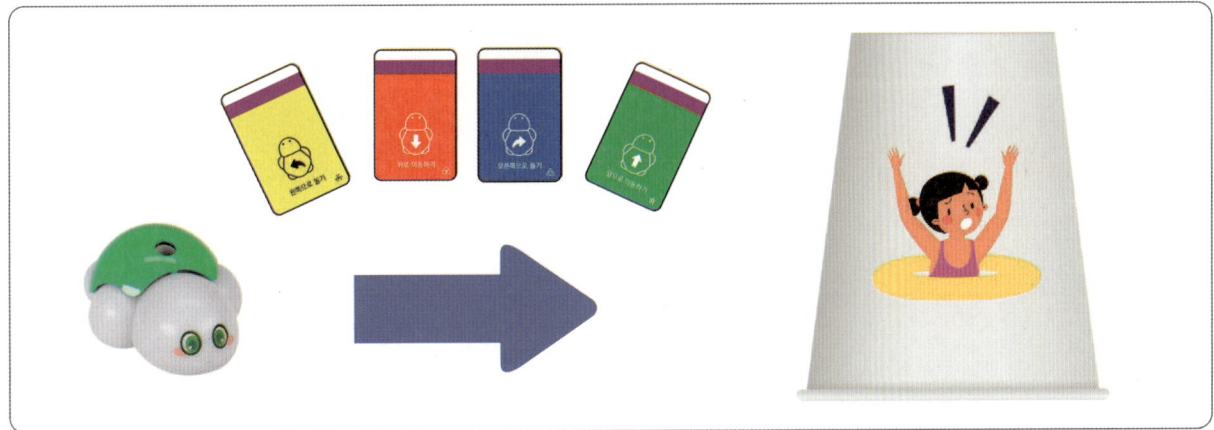

03 사람이 있는 곳에 도착하면, 소리 카드와 불(LED)카드로 신호를 보내 봅시다.

터틀

도전하기

다음 그림을 보고 이 책의 맨 뒤에 있는 카드 명령어 스티커를 붙여서 바다 속 쓰레기를 주워 봅시다.

Mission 01 '병'을 줍기 위해서는 어떤 카드가 필요할까요?

| 1 | 2 | 3 | 4 | 5 |

Mission 02 '병'을 줍고, 신호를 보내 봅시다.

| 1 | 2 | 3 | 4 | 5 |

🤖 **Mission 03** '캔'을 줍고 신호를 보내봅시다.

🤖 **Mission 04** '종이'를 줍기 위해서는 어떤 카드 명령어가 필요할까요?

🤖 **Mission 05** 반복되는 카드가 있다면, 동그라미로 묶어 봅시다.

4 바다지킴이 터틀

카드 코딩을 할 때 더 쉽고 간편하게 하는 방법은 없을까요? 반복, 함수 카드를 사용하면 훨씬 간편하게 코딩할 수 있습니다. 바다 위의 '쓰레기 섬'을 본 적 있나요? 쓰레기를 먹이인 줄 알고 먹

무엇을 배울까?

1. 반복 카드를 사용하는 방법을 알아봅니다.
2. 선택 카드를 사용하는 방법을 알아봅니다.
3. 함수 카드를 이용하여 바다를 깨끗하게 만들어 봅니다.

생각해 보기

1. 반복, 선택은 어떤 의미 일까요?
2. 함수 카드를 사용하면 어떤 점이 좋을까요?
3. 어떻게 하면 더 간단하게 카드 명령을 할 수 있을까요?

준비물 터틀 로봇 1대, 터틀 카드, 부록-15-1 ~ 부록-15-4

Coding School

어서, 바다 속 동물들이 아파하고 있어요. 반복, 함수 카드를 이용해 빠르게 코딩을 하여 바다 속 쓰레기를 수거해 봅시다.

Q1 터틀이 사이렌 소리를 내고 카드가 실행되지 않는 이유는 무엇일까요?
입력한 명령에 오류가 있기 때문입니다. 반복, 선택 카드를 사용할 때는 '반복 끝' 카드를 사용해야 합니다.

Q2 불을 반짝반짝하게 하고 싶으면 어떻게 해야 할까요?
'1초 기다리기' 카드를 사용합니다.

함수 카드: 반복되는 명령 카드를 묶어서, 간단하게 표현할 수 있습니다.

터틀

반복 카드 알아보기

01 반복 카드를 살펴보고, 어떤 특징이 있는지 이야기해 봅시다.

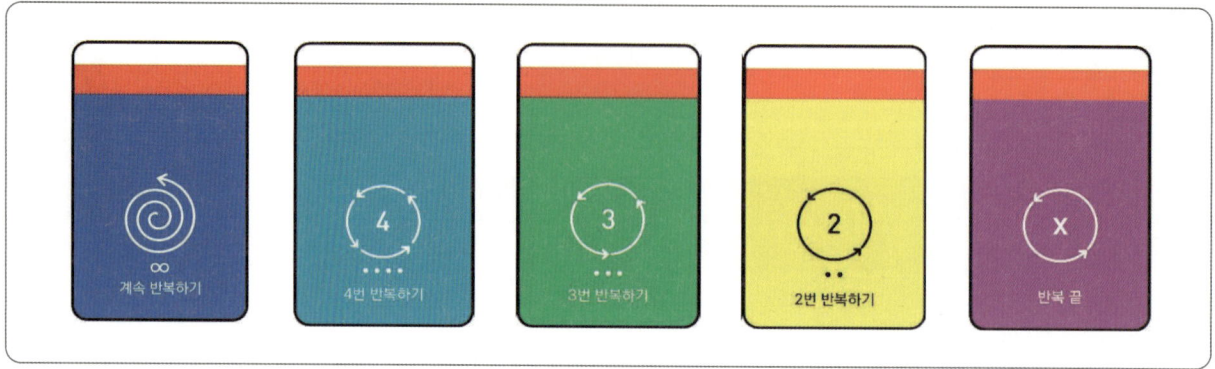

02 반복되는 명령을 반복 카드를 사용해서 더 간단하게 명령할 수 있습니다.

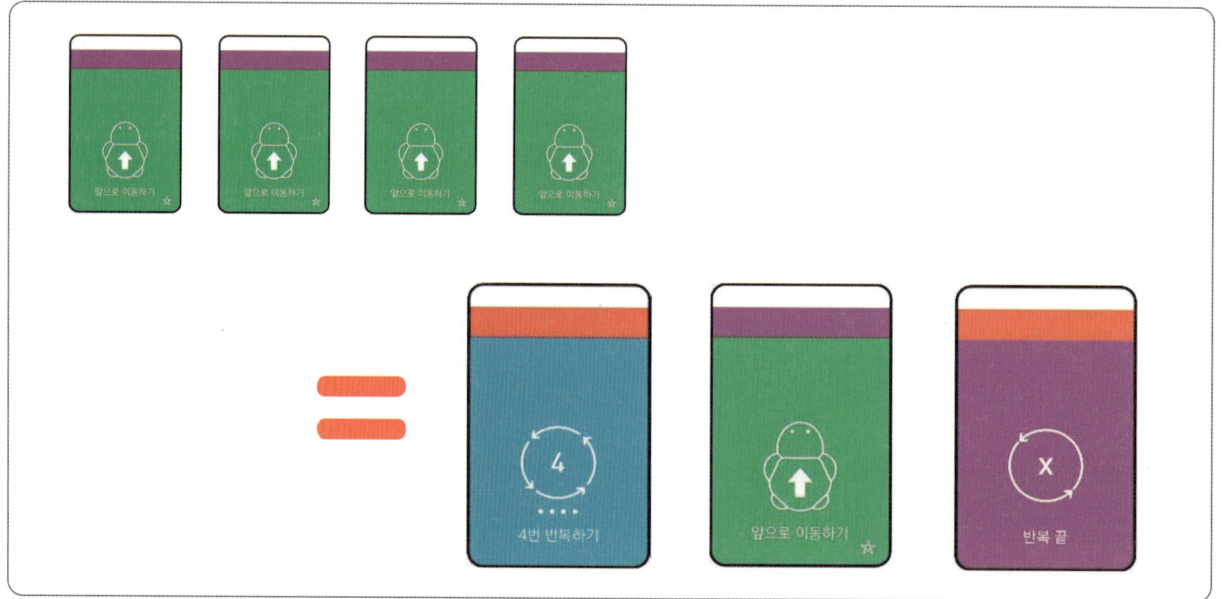

03 반복 카드를 사용할 때는 마지막에 '반복 끝' 카드를 입력해야 합니다.

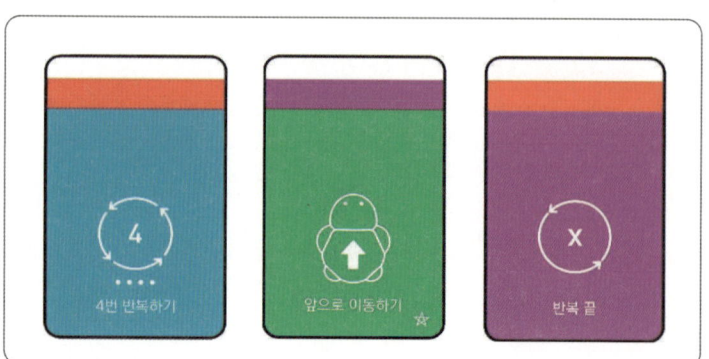

선택 카드 알아보기

01 선택 카드는 특정한 조건을 정해 줄 수 있습니다. 선택 카드를 살펴보고, 어떤 특징이 있는지 이야기해 봅시다.

02 '카드 입력 기다리기' 카드를 사용하면, 프로그램을 실행해도 변화가 없습니다. 종류와 상관없이 카드를 머리 아래에 입력해야 프로그램이 실행됩니다.

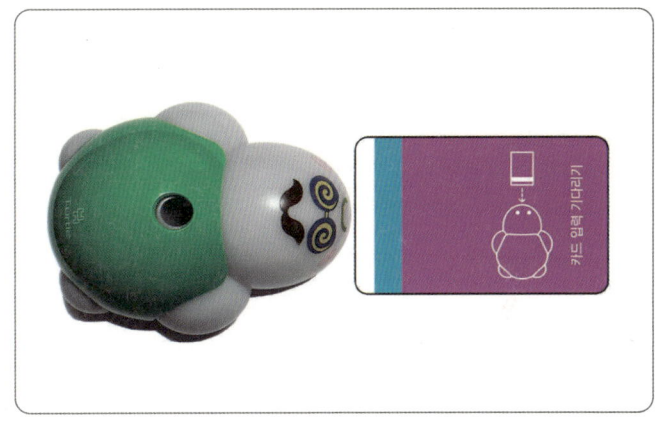

03 '~색 까지 반복하기' 카드는 '반복 끝' 카드를 같이 사용해야 합니다.

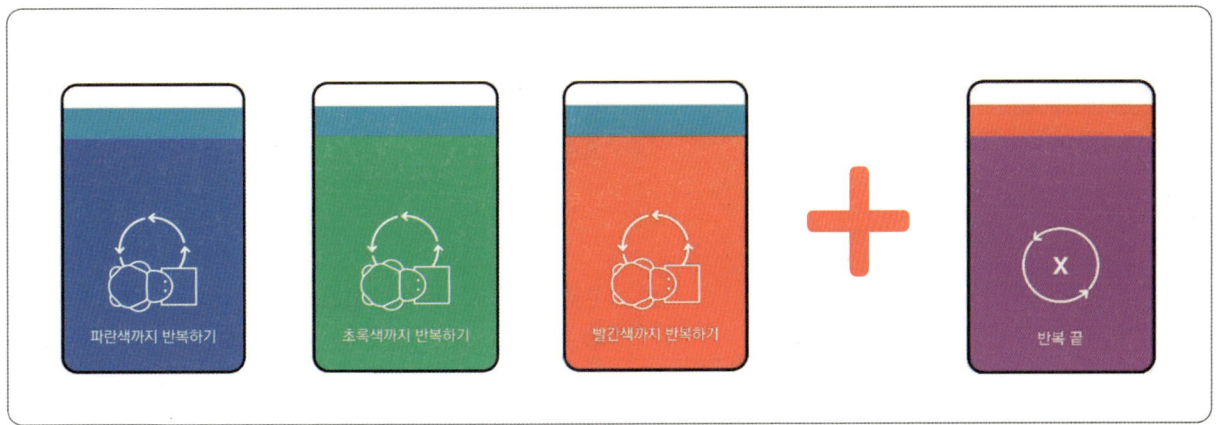

터틀

함수 카드 알아보기

01 함수 카드만 입력하고 실행해 봅시다(기본 코드).

02 새로운 함수를 입력하는 방법을 알아봅시다.

01. 카드 코딩 모드에서 두 번 클릭

02. 터틀 머리가 어두운 흰색으로 변합니다.

03. 함수로 만들 명령 카드를 입력합니다(최대 16장).

04. 버튼을 한 번 누르면 함수 입력이 완료되고, 다시 밝은 흰색으로 변합니다.

05. 프로그램을 삭제하고, 함수 카드를 사용하여 명령어를 입력해 봅시다.

※ 등을 길게 한 번 눌러도 프로그램을 삭제할 수 있습니다.

Coding School

규칙을 찾아라!

01 '부록-15-1~15-4'를 연결하여 바다 지도를 완성합니다.

02 병을 줍기 위해서 앞으로 몇 번 이동해야 할까요?

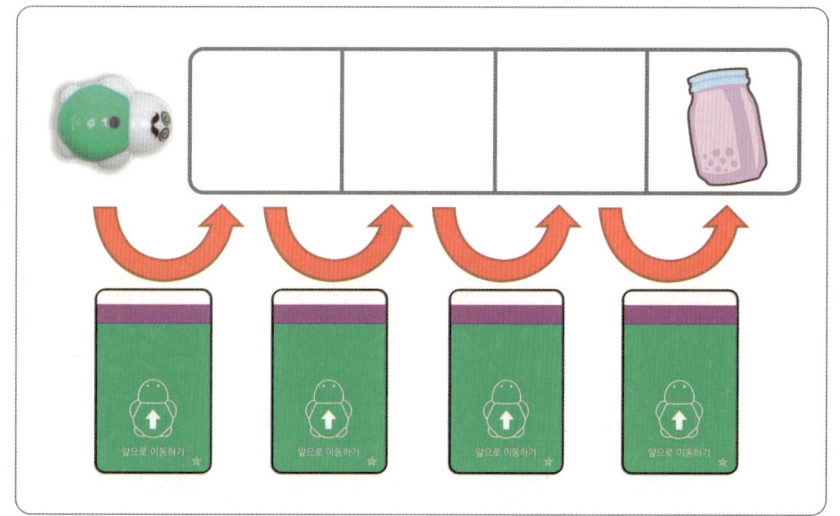

03 병을 줍고, 비닐 봉투를 수거하려고 합니다. 빈칸에 어떤 명령 카드가 필요한지 적어 봅시다.

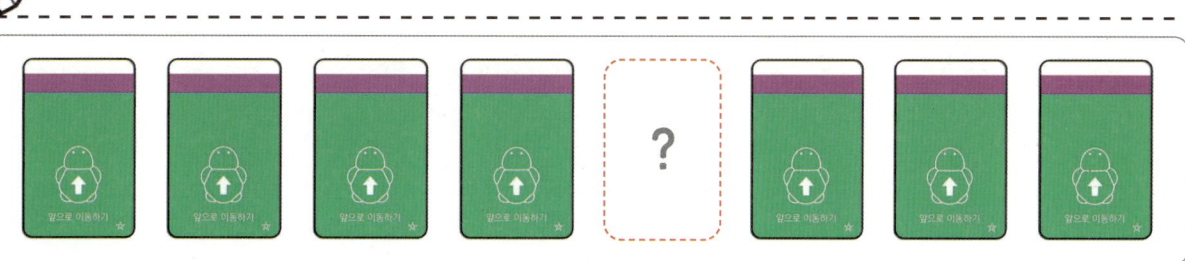

터틀

04 반복 카드를 사용하려면, 어떤 카드가 필요한지 적어 봅시다.

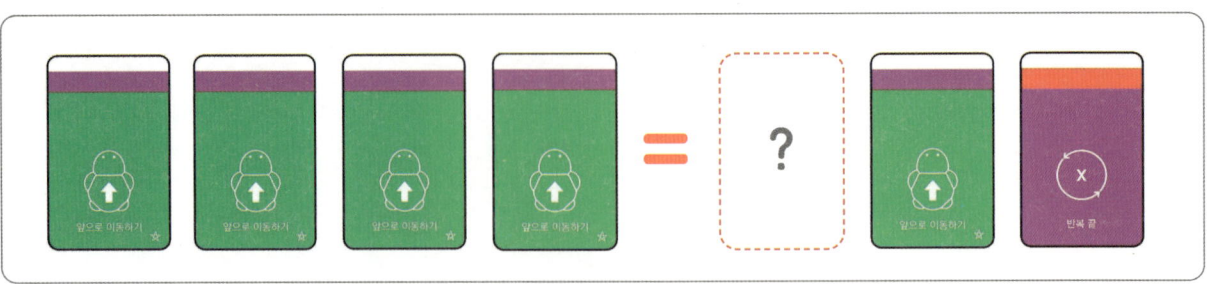

05 함수 카드를 이용하여 프로그램을 더 간단하게 만들 수 있습니다.

06 바다 맵을 보고, 어떤 순서로 쓰레기를 수거할지 생각해 보고, 지도에 화살표로 표시해 봅시다.

07 출발에서 ❶ 지점으로 가는 방법을 부록에 있는 스티커로 붙여 봅시다.

1	2	3	4	5
6	7	8	9	10

08 ❶ 지점에서 ❷ 지점으로 가는 방법을 부록에 있는 스티커로 붙여 봅시다.

1	2	3	4	5
6	7	8	9	10

09 ❷ 지점에서 ❸ 지점으로 가는 방법을 부록에 있는 스티커로 붙여 봅시다.

1	2	3	4	5
6	7	8	9	10

10 반복, 함수 카드를 이용하여 프로그램을 더 간단하게 만들어 봅시다.

*도착했을 때 터틀의 방향을 고려해야 합니다.

터틀

카드 코딩 실행하기

01 '규칙을 찾아라' 단계에서 만든 프로그램을 보고 '출발 → ❶ 지점'까지 가는 길을 코딩하여 봅시다.

02 프로그램을 실행해 보고, 잘못된 곳이 있으면 수정해 봅시다.

어떤 부분이 잘못 되었을까?

03 '❶ 지점 → ❷ 지점', '❷ 지점 → ❸ 지점'도 순서대로 코딩하고 프로그램을 실행하여 봅시다.

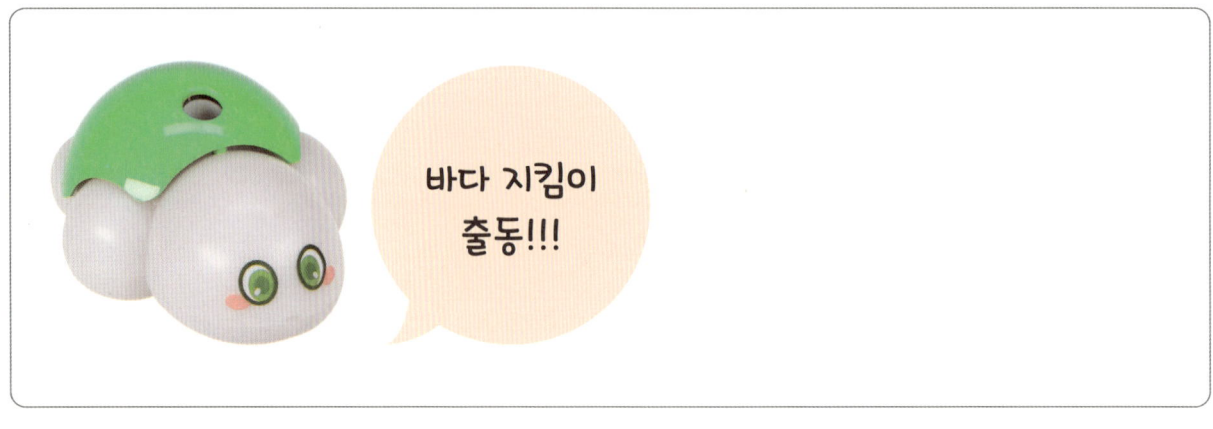

바다 지킴이 출동!!!

도전하기

명령어 카드를 사용해서 화살표 방향으로 쓰레기를 수거하려고 합니다. 아래 Mission (미션)을 수행해 보세요.

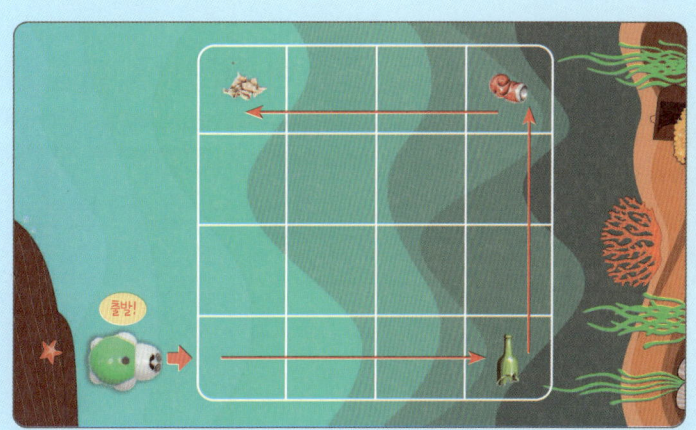

Mission 01 아래의 카드 명령어에서 빈 칸에 공통으로 필요한 카드가 무엇인지 카드 이름을 적어 보세요. ( )

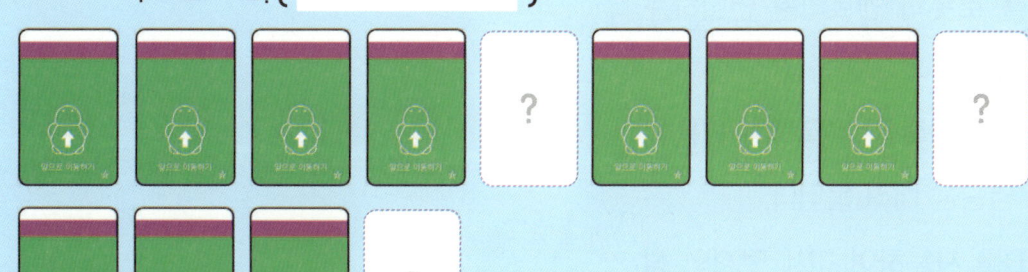

Mission 02 아래의 〈보기〉는 Mission 01 에서 반복되는 부분을 묶어서 쉽고 편리하게 카드 코딩을 한 것입니다. 빈 칸에 어떤 카드를 넣어야 할 지 세 장의 선택 카드 중 한 장을 골라 ○를 그리세요.

5

미세 먼지 알리미 터틀

앞에서는 컴퓨터 없이도 터틀을 이용해서 다양한 문제를 해결해 보았습니다. 언플러그드 활동인 라인 트레이싱, 컬러 코딩, 카드 코딩 이외의 방법으로 터틀을 움직일 수 있습니다. 여기에서는

무엇을 배울까?

1. 터틀 로봇과 엔트리를 연결하는 방법에 대해 알아봅니다.
2. 엔트리 블록을 이용하여 터틀에게 명령을 내려 봅니다.
3. LED를 사용하여 미세 먼지의 정도를 표현해 봅니다.

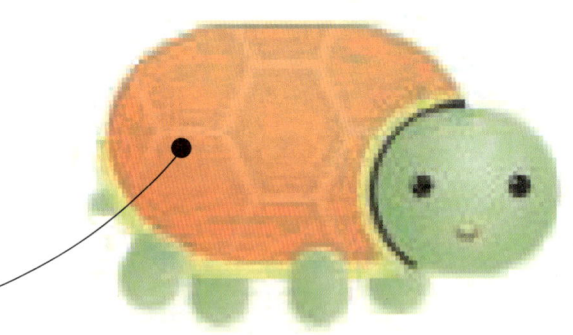

(거북이) 오브젝트
미세먼지 수치를 묻고, 미세먼지의 단계와 행동 수칙을 이야기 해 줍니다.

오브젝트 목록	
1	거북이
2	룰렛판 (4)
3	룰렛 화살표

Coding School

컴퓨터와 터틀을 연결하여 더 다양한 활동을 해 보겠습니다. 미세먼지 단계를 알려주는 프로그램을 만들어 보면서 엔트리에서 터틀을 연결하고 코딩하는 방법에 대해 알아보겠습니다.

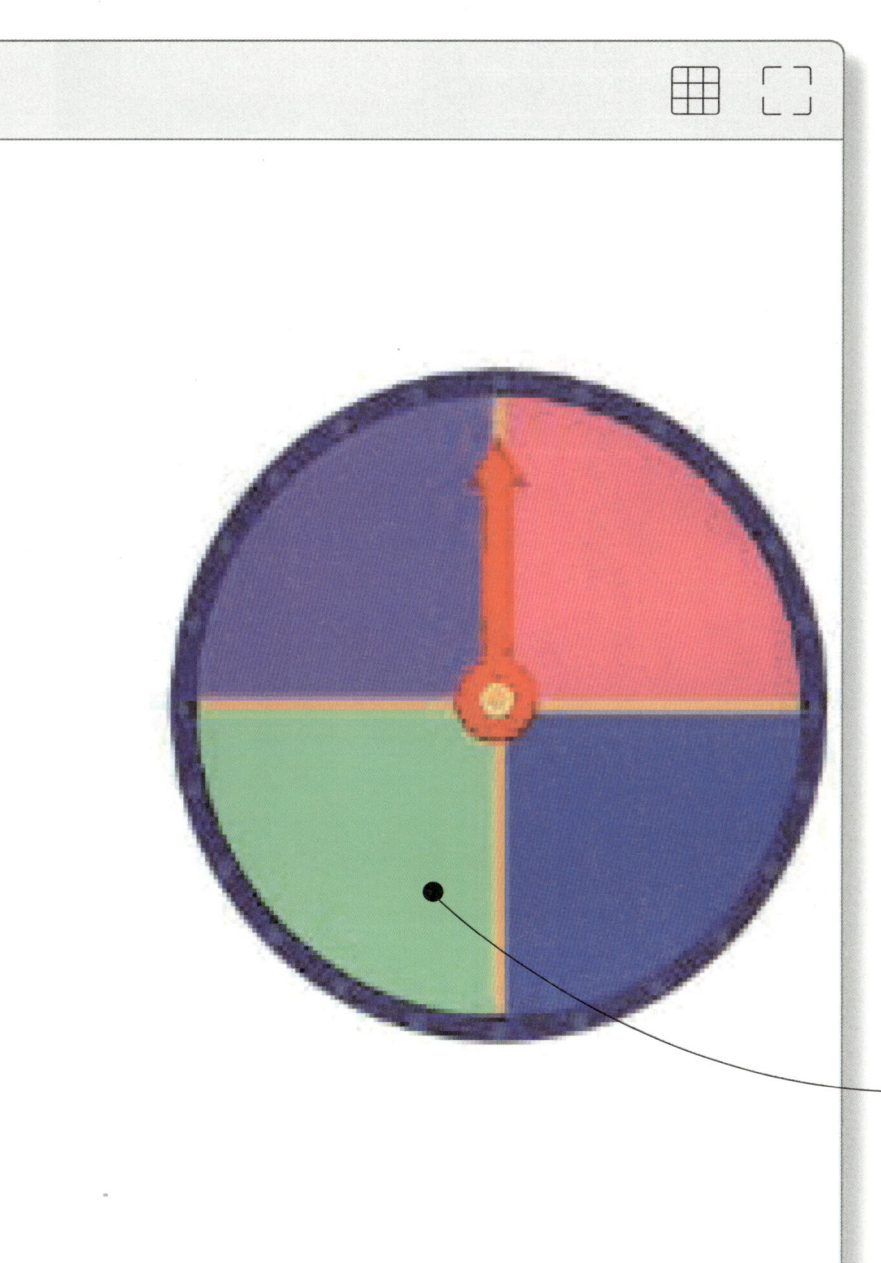

(룰렛 화살표) 오브젝트
미세먼지의 단계를 표현해 줍니다.

Q1 엔트리 '연결 프로그램'에서 연결이 안 되면 어떻게 해야 할까요?
① 터틀을 블루투스 모드로 켰는지 확인해 보세요.
② 최신 버전의 연결 프로그램을 설치하였는지 확인해 보세요.
③ 연결 프로그램의 드라이버를 설치해 보세요.

Q2 미세먼지 단계를 여러 번 입력해서 확인하려면 어떻게 해야 할까요?
'계속 반복하기' 블록을 사용하면, 여러 번 실행할 수 있습니다.

엔트리(https://playentry.org/) : 블록 명령어를 사용하여 다양한 소프트웨어 작품을 만들고 체험할 수 있는 사이트

터틀

엔트리에 연결하기

01 컴퓨터에 USB 동글을 꽂아 줍니다.

02 동글 가까이에서 터틀의 등을 누른 채로 전원을 켭니다. 연결에 성공하면 삐 소리가 나며 엉덩이 쪽에 파란 불빛(블루투스 표시등)이 들어옵니다.

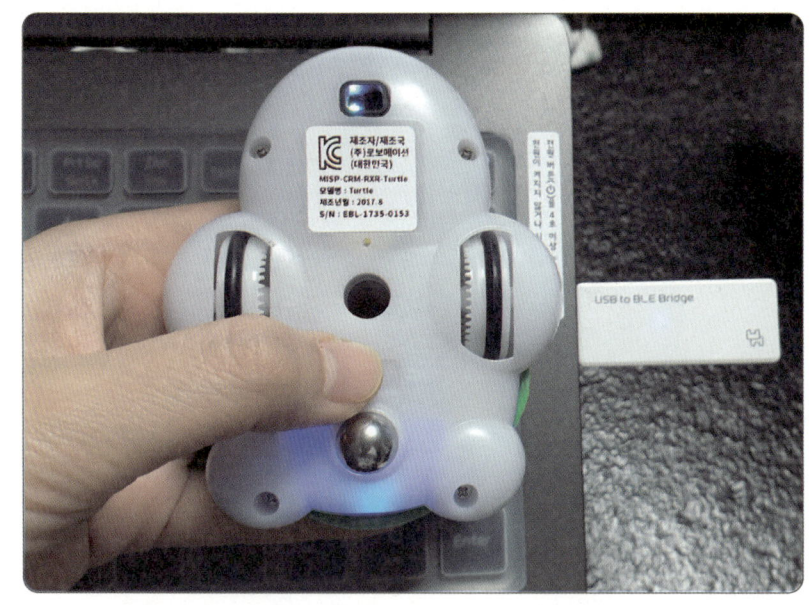

03 최신 버전의 크롬 브라우저를 실행하고, 엔트리 (https://playentry.org/) 사이트에 접속한 후 [작품 만들기]로 들어갑니다.

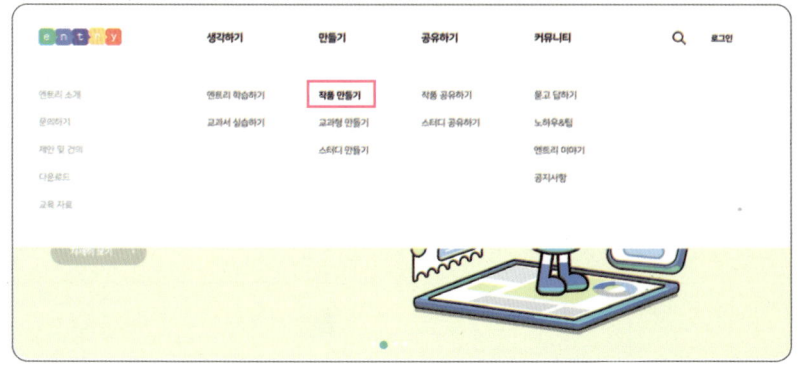

04 터틀과 연결하기 위해서 [하드웨어] - [연결 프로그램 열기]를 클릭합니다.

TIP
처음 접속할 경우에는 Entery_HW를 설치해야 합니다.

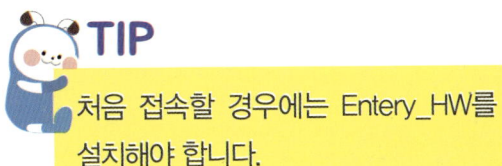

05 연결 프로그램에서 [거북이]를 찾아 클릭합니다.

TIP
Entery_HW를 설치를 완료하였다면 Entery_HW 실행 창이 나타납니다. 여기서 [Entry_HW 열기] 버튼을 클릭합니다.

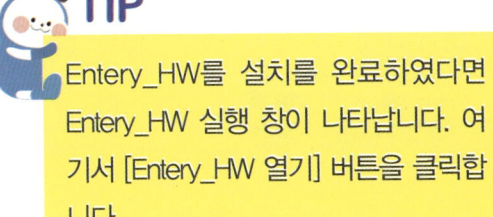

06 터틀과 PC와 연결되면 상단에 연결 성공이 표시됩니다.

TIP
처음으로 연결할 경우 '연결 대기'가 표시됩니다. 하단의 보라색의 [드라이버 설치] 버튼을 클릭하여 터틀과 연결하는 프로그램을 설치하고 Entry_HW를 재시작해야 합니다.

터틀

06 터틀과 연결되었다면 엔트리의 [하드웨어] 탭에 새로운 블록들이 나타납니다.

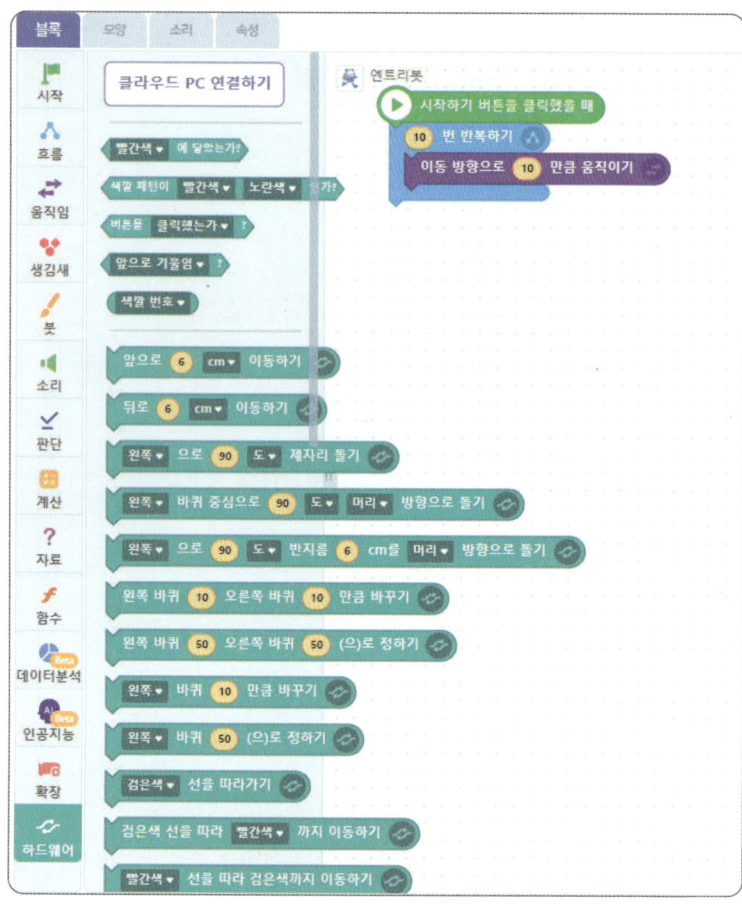

07 [하드웨어] 탭의 블록으로 터틀에게 명령을 내릴 수 있습니다. 다음 블록을 이용하여 터틀의 움직임을 확인하여 봅시다.

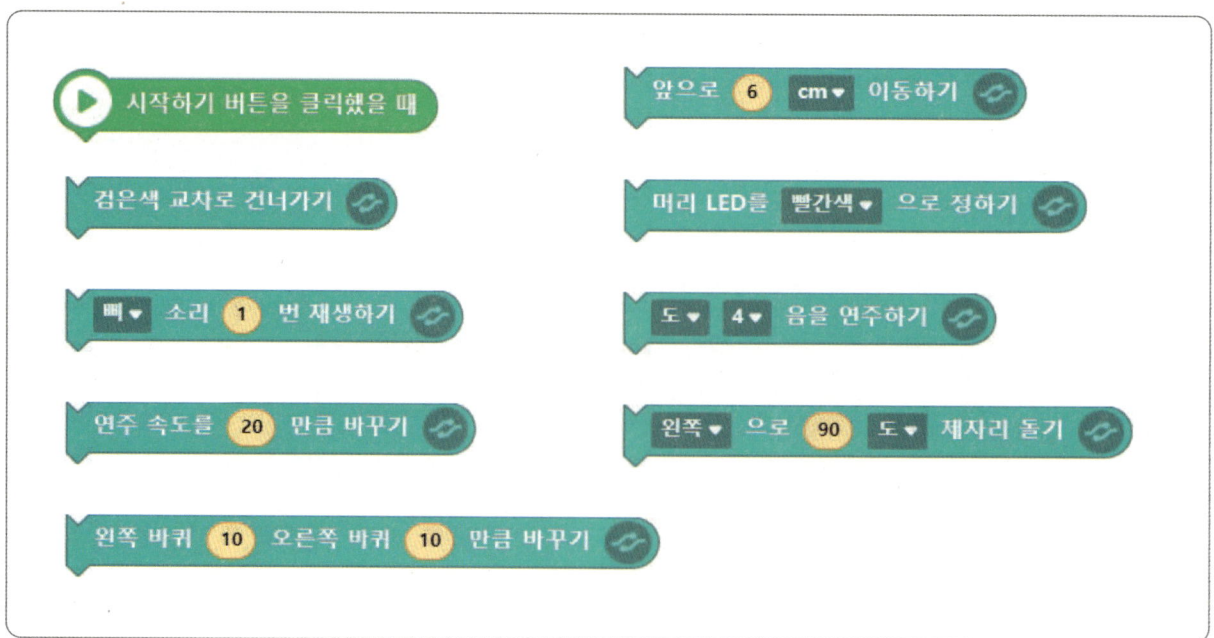

미세 먼지 수준을 알려주는 터틀

01 미세 먼지 수준은 네 가지로 나눌 수 있습니다.

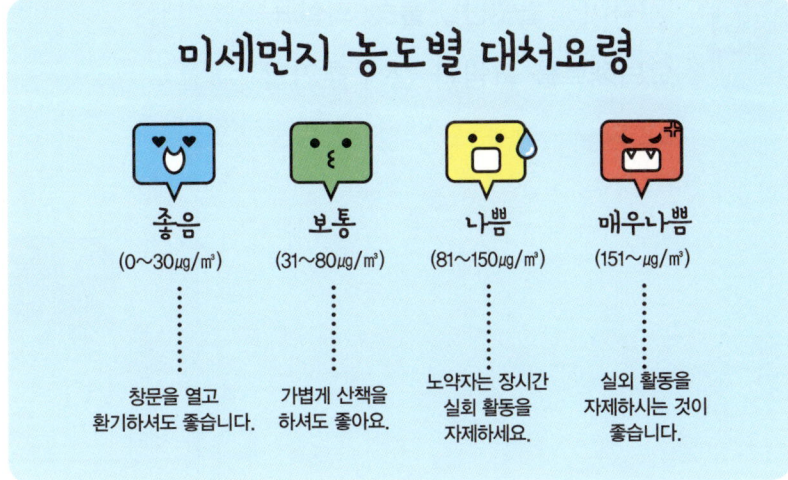

02 터틀의 LED로 색을 나타낼 수 있습니다.

03 엔트리 화면에서 룰렛판으로 표현할 수 있습니다.

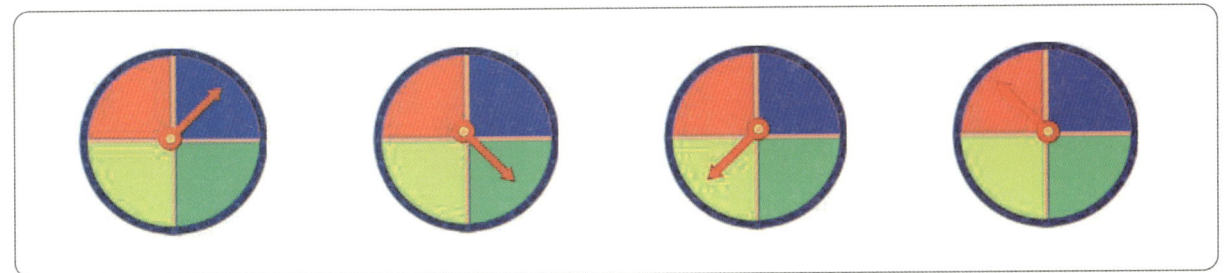

터틀

엔트리 화면 구성하기

01 '거북이', '룰렛판', '룰렛 화살표' 오브젝트를 그림과 같이 추가합니다.

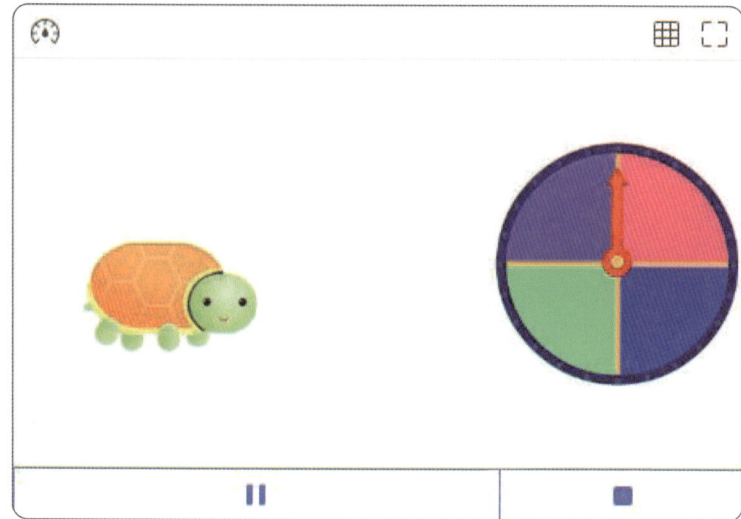

02 '룰렛판' 오브젝트를 선택하고 [모양] 탭에서 3번 모양의 '룰렛판_4'를 클릭한 후 그림과 같이 미세 먼지 수준을 나타내는 색상으로 변경합니다.

여기에서 색상을 선택하고 룰렛판에서 변경하려는 부분의 색을 클릭하면 색상을 바꿀 수 있습니다.

03 '룰렛 화살표' 오브젝트의 중심점을 바꿔줍니다.

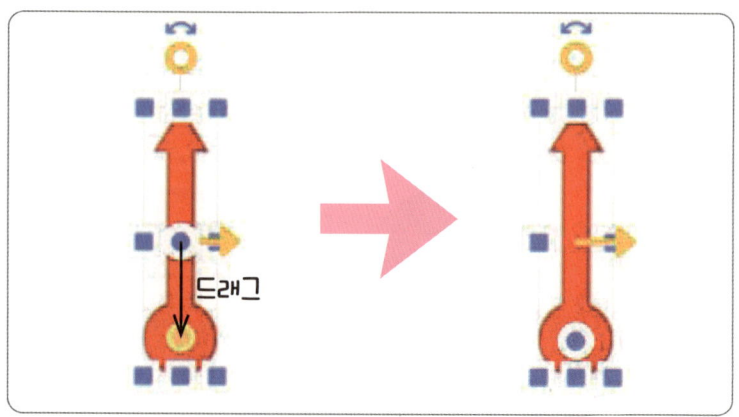

미세먼지 정보 물어보기

01 [속성] 탭에서 '미세먼지농도'라는 이름의 변수를 추가합니다.

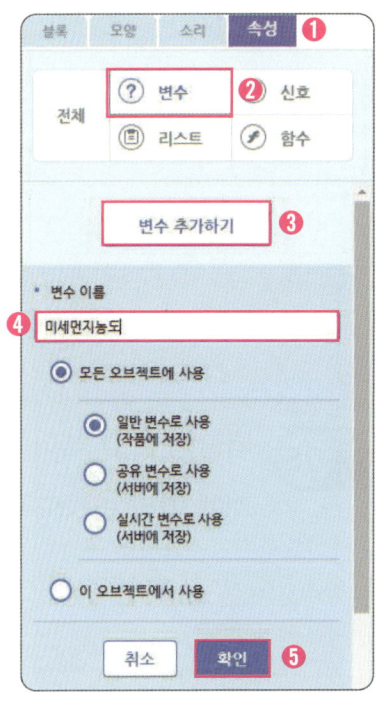

02 [거북이] 오브젝트가 미세먼지의 농도를 묻고, 대답을 적을 수 있도록 합니다.

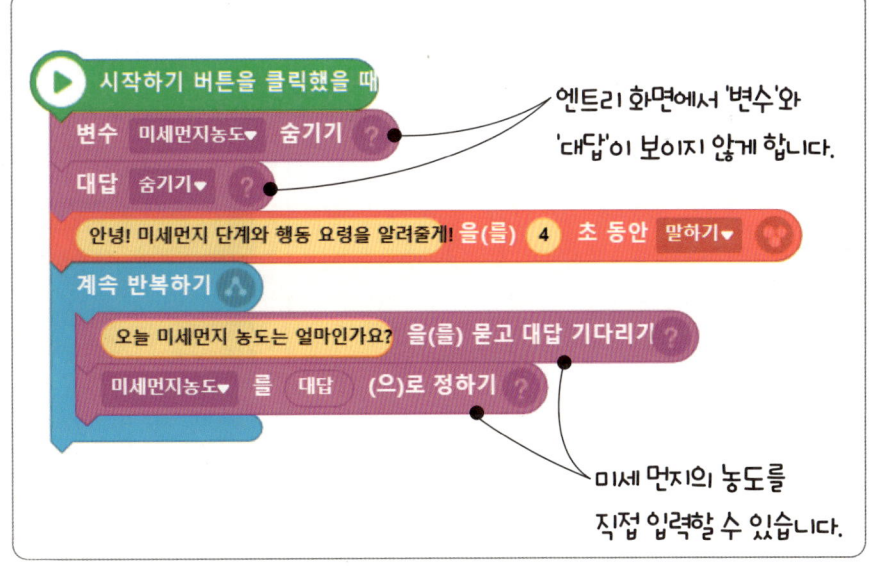

엔트리 화면에서 '변수'와 '대답'이 보이지 않게 합니다.

미세 먼지의 농도를 직접 입력할 수 있습니다.

03 '미세먼지 농도'의 값을 판단하는 값을 입력합니다.

터틀

04 미세먼지 농도에 따라 단계와 행동 수칙을 말하도록 합니다.

05 터틀의 LED 색이 미세먼지 단계에 따라 변하도록 합니다.

06 미세먼지 농도 값을 판단하여, 미세먼지의 단계와 행동 요령을 말하도록 합니다.

룰렛 화살표로 미세먼지 수치 표현하기

01 [속성] 탭에서 미세먼지 단계인 '좋음', '보통', '나쁨', '매우 나쁨'이라는 이름으로 신호를 추가합니다.

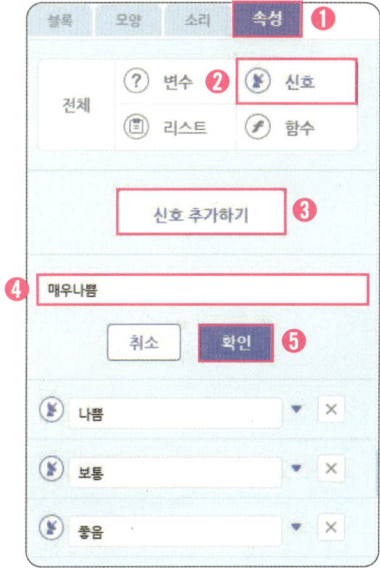

02 [거북이] 오브젝트에서 미세먼지 단계를 파악하고, 신호를 보내도록 합니다.

터틀

03 '미세먼지 농도'의 값을 판단하는 값을 입력합니다.

04 [룰렛 화살표] 오브젝트가 신호를 받으면 움직일 수 있도록 합니다.

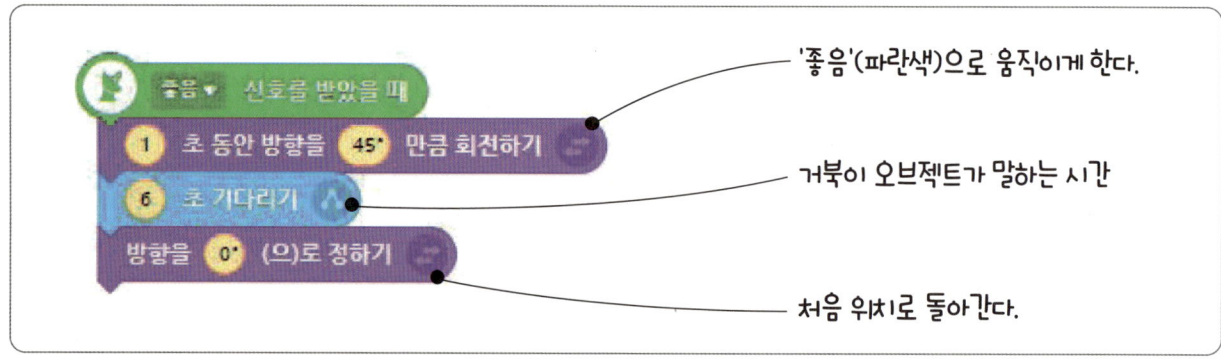

- '좋음'(파란색)으로 움직이게 한다.
- 거북이 오브젝트가 말하는 시간
- 처음 위치로 돌아간다.

05 미세먼지 단계별로 [룰렛 화살표] 오브젝트가 움직이도록 합니다.

작품 주소: http://naver.me/5h3Vh1XL

도전하기

<미세먼지 알리미 터틀> 프로그램에 코드를 추가하여 터틀이 실제로 움직이는 프로그램을 만들어 보세요.

Mission 01 다음 블록을 활용해요.

[앞으로 6 cm▼ 이동하기] [뒤로 6 cm▼ 이동하기]

Mission 02 '보통'에서는 원을 그리며 2바퀴를 돌도록 합니다.

[왼쪽▼ 으로 180 도▼ 제자리 돌기]

Mission 03 '나쁨'에서는 사각형 모양으로 움직이게 합니다.

[앞으로 6 cm▼ 이동하기] [왼쪽▼ 으로 90 도▼ 제자리 돌기]

Mission 04 '매우나쁨'에서는 삼각형 모양으로 움직이게 합니다.

[앞으로 6 cm▼ 이동하기] [왼쪽▼ 으로 90 도▼ 제자리 돌기]

6 아티스트 터틀

바닷속을 지키는 터틀은 멋진 예술가이기도 합니다. 터틀 등에 있는 구멍에 싸인펜을 꽂고 코딩을 하면 여러 가지 그림을 그릴

무엇을 배울까?

1. 카드 코딩으로 그림을 그리는 방법을 알아봅니다.
2. 엔트리로 그림을 그려 봅니다.
3. 프렉탈 아트로 나만의 멋진 작품을 만들어 봅니다.

생각해 보기

1. 그림에 어떤 규칙이 반복되고 있을까?
2. 돌기 블록은 어떤 차이점이 있을까?
3. 터틀 로봇을 어느 방향으로 두고 그림 그리기를 실행해야 할까?

준비물 터틀 로봇 1대, 종이, 터틀 펜, 터틀 카드, PC

수 있습니다. 카드 코딩 모드나 엔트리 블록을 사용하면 다양한 그림을 그릴 수 있어요. 터틀과 엔트리 블록을 이용해서 멋진 그림을 그려볼까요?

Q1 엔트리 하드웨어 블록이 보이지 않습니다.
터틀 로봇이 잘 연결되었는지 확인해 주세요. 로봇을 연결한 후에 엔트리 하드웨어 창은 닫지 않고 그대로 두어야 합니다.

Q2 선이 삐뚤삐뚤 그려져요.
펜이 고정되지 않기 때문입니다. 터틀 전용 펜이나, 구멍에 딱 맞는 펜을 사용해야 합니다.

프랙탈 아트 : 비슷한 구조와 패턴이 반복되면서 만들어진 예술 작품

터틀

카드 코딩으로 그림 그리기

01 전원 스위치를 ON → OFF → ON 으로 옮겨 자율 행동 모드를 실행합니다. 자율 행동 모드에서는 머리가 흰색으로 깜빡입니다.

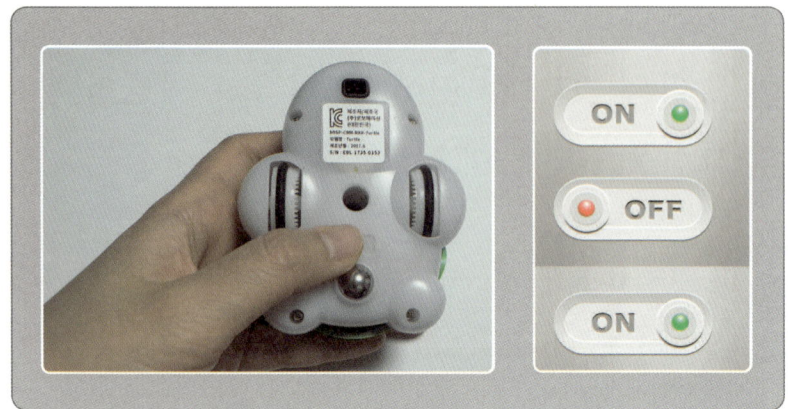

02 등을 길게 누르면 지지직 소리를 내며 머리가 빨갛게 변했다가, 다시 흰색으로 깜빡이면서 그림 그리기 모드가 됩니다.

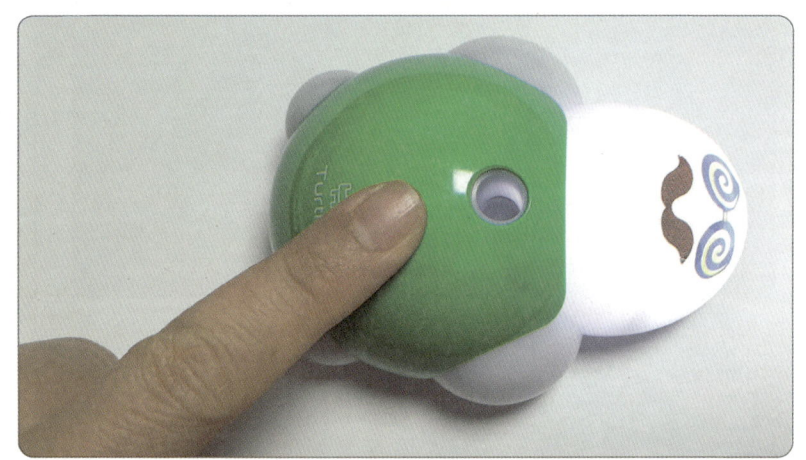

03 터틀의 등에 펜을 끼웁니다.

04 오른쪽 아래에 모양이 그려진 카드를 입력하면, 그림을 그리기 시작합니다.

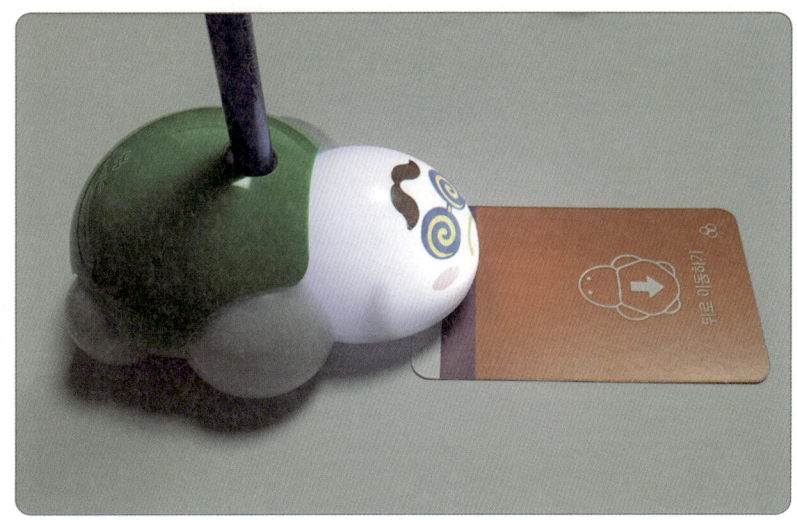

05 카드 코딩으로 여러 가지 그림을 그려 봅시다.

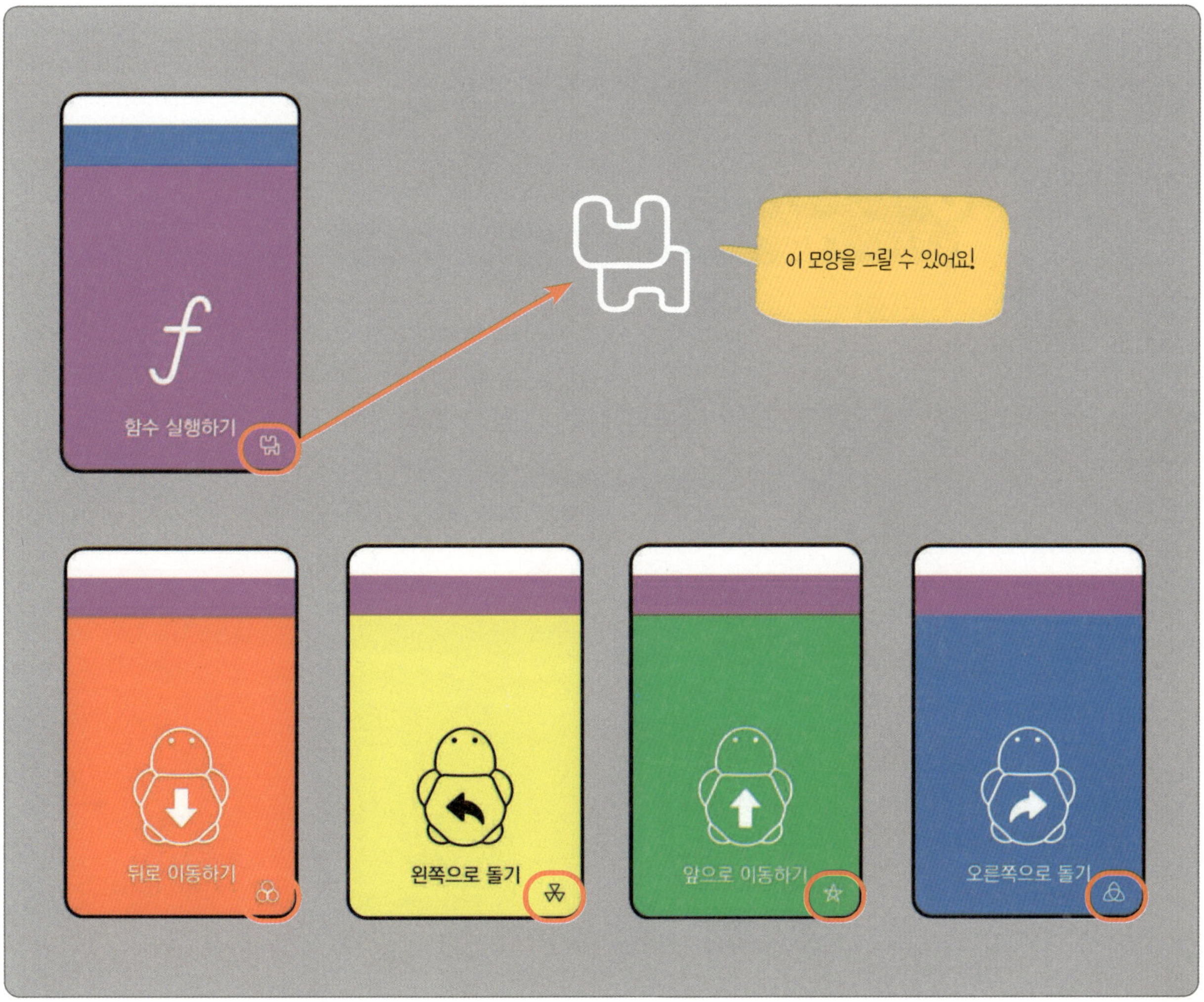

터틀

엔트리 블록 확인하기

01 이동하기 블록과 돌기 블록으로 여러 가지 도형을 그릴 수 있습니다.

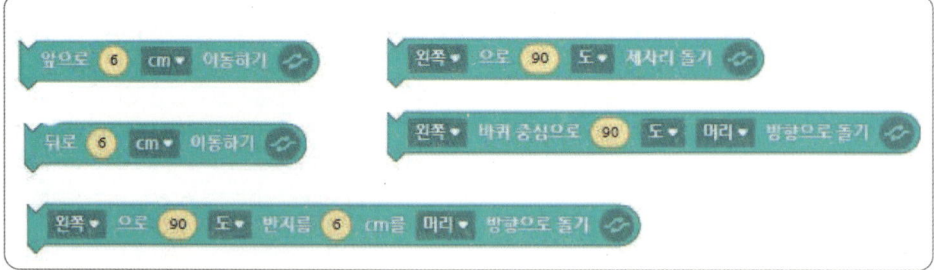

02 돌기 블록은 어떤 차이가 있는지 생각해 봅시다.

❶ 시작하기 버튼을 클릭했을 때 / 왼쪽▼ 으로 360 도▼ 제자리 돌기

❷ 시작하기 버튼을 클릭했을 때 / 왼쪽▼ 바퀴 중심으로 360 도▼ 머리▼ 방향으로 돌기

❸ 시작하기 버튼을 클릭했을 때 / 왼쪽▼ 으로 360 도▼ 반지름 2 cm를 머리▼ 방향으로 돌기

03 ❶~❸번 블록을 실행해 보면 다음과 같은 그림이 그려집니다.

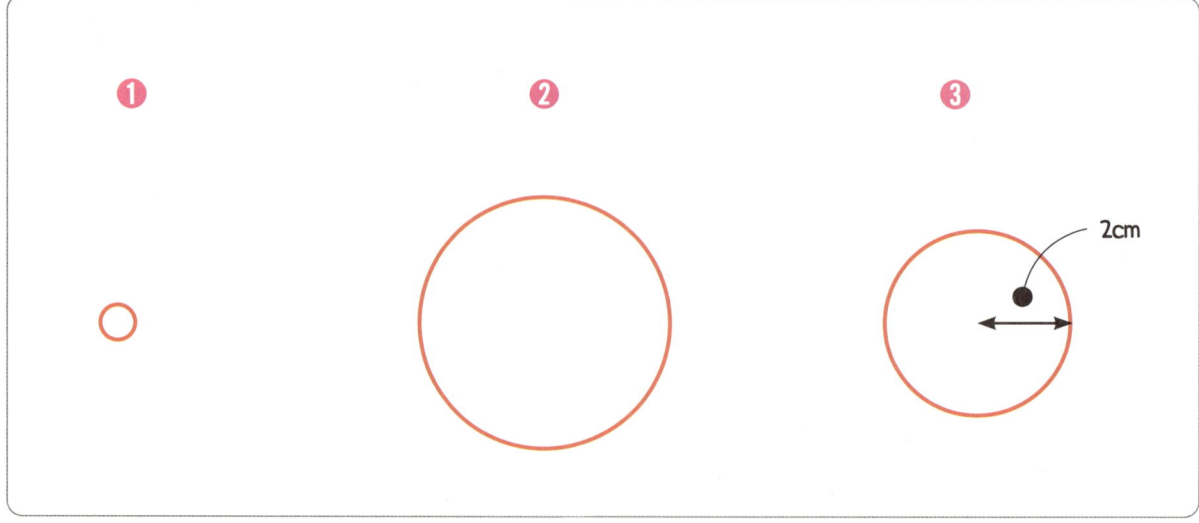

여러 가지 도형 그리기

01 엔트리와 터틀 로봇을 연결합니다.

02 터틀 로봇에 펜을 꽂고, 종이 위에서 블록을 실행시켜 봅시다.

03 정사각형을 그려봅시다.

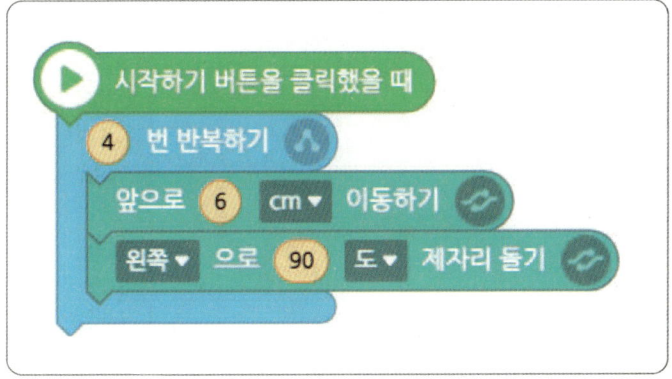

터틀

04 정삼각형을 그릴 수 있는 블록은 몇 번일까요?

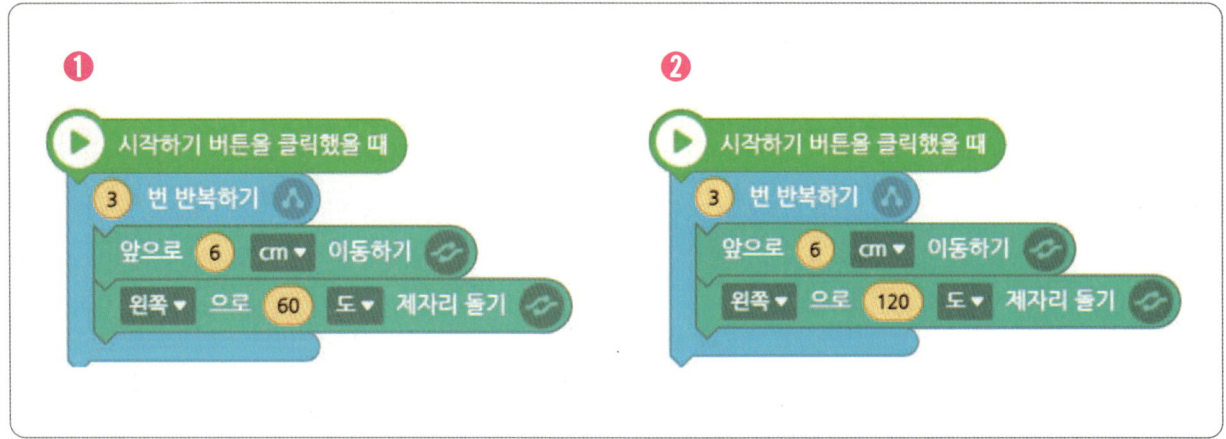

05 터틀 로봇이 도는 각도를 생각해야 합니다.

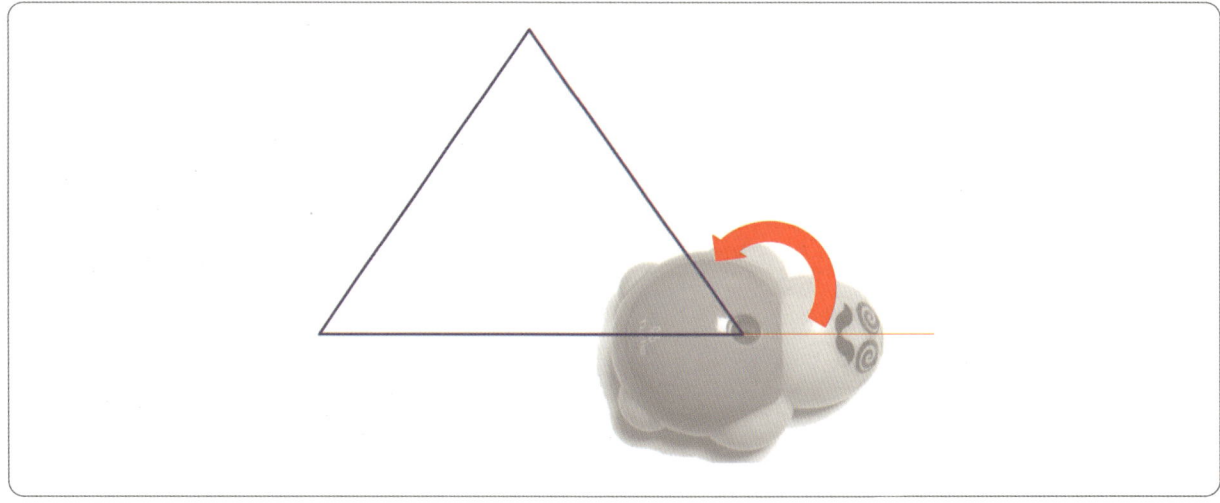

06 그리고 싶은 도형의 규칙을 찾으면, 더 쉽게 그릴 수 있습니다.

반복되는 그림 그리기

01 다음 블록을 실행하면 어떤 모양이 나올지 생각해 봅시다.

시작하기 버튼을 클릭했을 때
5 번 반복하기
앞으로 5 cm 이동하기
왼쪽으로 144 도 제자리 돌기

02 블록의 빈 칸에 알맞은 수를 적고, 다음 모양을 그려봅시다.

03 블록의 빈 칸에 알맞은 수를 적고, 다음 모양을 그려봅시다.

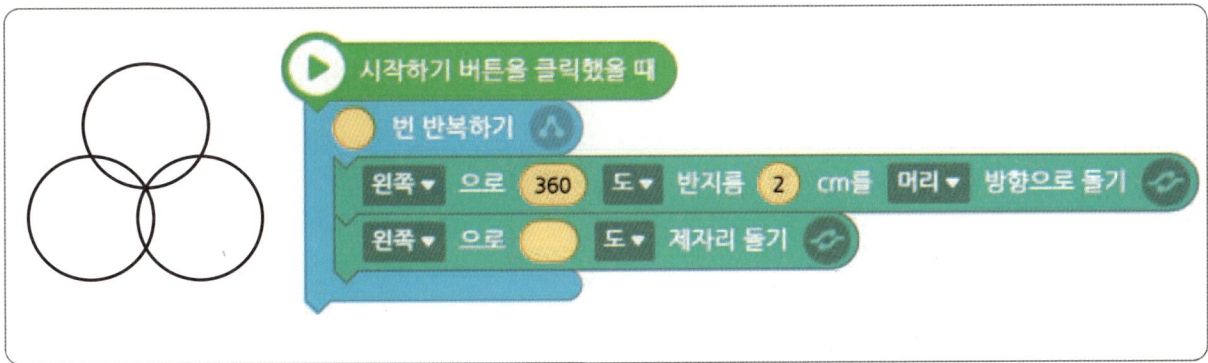

터틀

04 빈 칸의 숫자를 바꾸면 어떤 모양이 만들어지는지 확인해 봅시다.

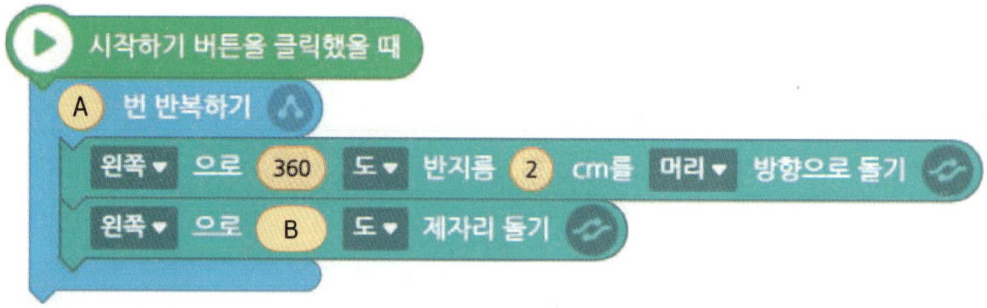

```
시작하기 버튼을 클릭했을 때
A 번 반복하기
  왼쪽 으로 360 도 반지름 2 cm를 머리 방향으로 돌기
  왼쪽 으로 B 도 제자리 돌기
```

→ | A | 4 | 6 | 12 | 18 | 36 |
| B | 90 | 60 | 30 | 20 | 10 |

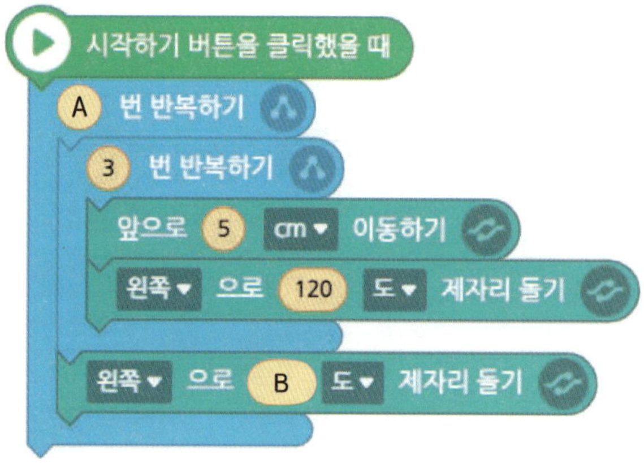

```
시작하기 버튼을 클릭했을 때
A 번 반복하기
  3 번 반복하기
    앞으로 5 cm 이동하기
    왼쪽 으로 120 도 제자리 돌기
  왼쪽 으로 B 도 제자리 돌기
```

→ | A | 3 | 6 | 12 | 18 | 36 |
| B | 120 | 60 | 30 | 20 | 10 |

05 나만의 멋진 프렉탈 아트 작품을 만들어 봅시다.

도전하기

Mission 01 엔트리 블록을 이용하여 꽃 모양을 만들어 봅시다.

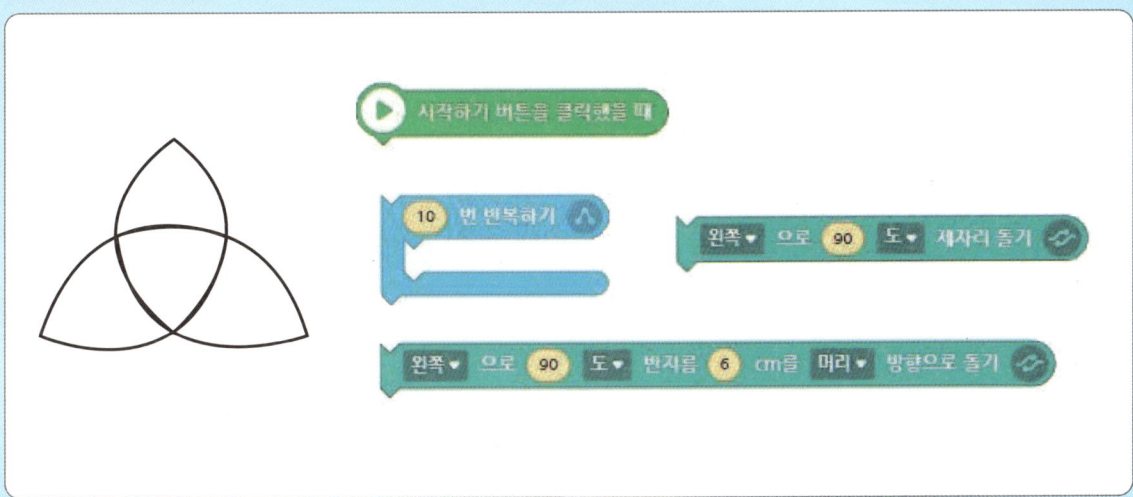

Mission 02 엔트리 블록을 이용하여 바람개비 모양을 만들어 봅시다.

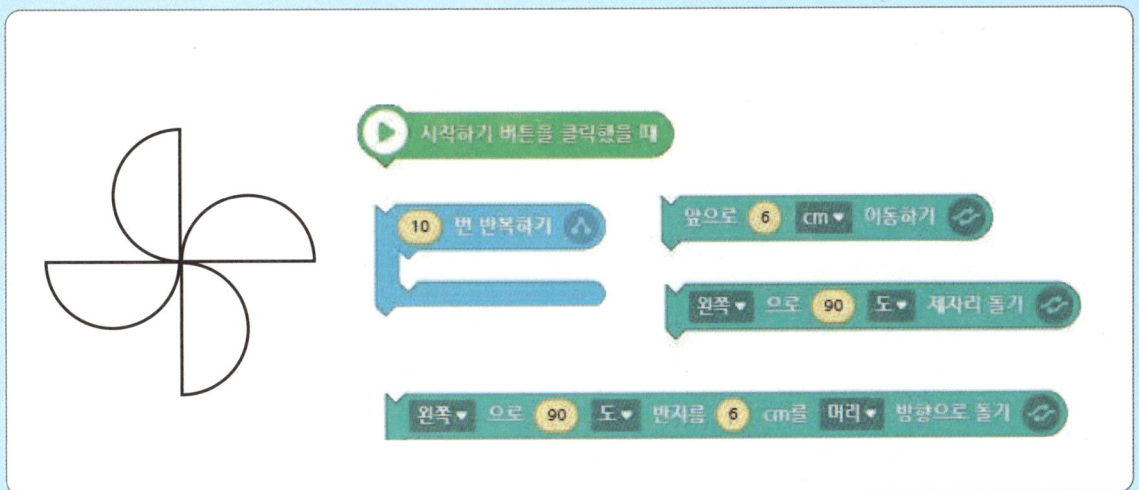

PART-2

햄스터와 미션 해결하기

7

햄스터와 첫 만남

터틀과 바다 속 문제를 해결했다면, 햄스터와는 땅 위의 문제를 함께 해결해 봅시다! 엔트리 블록으로 햄스터 로봇을 움직이는 방법을 알아보겠습니다. 이번 단원에서는 햄스터 로봇에 있는 여러

무엇을 배울까?

1. 햄스터 로봇의 여러 가지 센서를 알아봅니다.
2. 햄스터 로봇을 엔트리에 연결하는 방법을 알아봅니다.
3. 햄스터 로봇을 조종해 봅니다.

생각해 보기

1. 햄스터 로봇의 센서를 어디에 활용할 수 있을까?
2. 엔트리 블록의 바퀴 숫자는 무엇을 의미할까?

준비물 햄스터 로봇 1대, 부록-16 ~ 부록-17

Coding School

가지 센서에 대해서 알아보고, 키보드의 방향키를 이용하여 햄스터를 조종하는 방법을 알아보겠습니다.

Q1 햄스터가 직진으로 가지 않습니다.
햄스터 로봇의 바퀴에 있는 모터가 각각 다르기 때문에 차이가 날 수 있습니다. 직진 보정이 필요합니다.

Q2 햄스터의 속도가 일정하지 않습니다.
속도 '바꾸기' 블록을 사용했는지 확인해 주십시오. 속도 '정하기' 블록을 사용해 주세요.

79

햄스터

햄스터가 무엇인가요?

햄스터는 창의력을 길러주는 작고 귀여운 코딩 로봇입니다. 누구나 사용하기 편리하도록 코딩 교육에 가장 도움이 되는 기능을 담아놓아서 교육용으로 많이 사용되고 있습니다. 아이들도 쉽게 배울 수 있는 스크래치나 엔트리는 물론이고 고급 프로그래밍 언어까지 다양한 소프트웨어 언어를 지원합니다.

햄스터의 구조에 대해 알아볼까요?

햄스터에 코딩을 하면 장애물을 피해서 움직이고 바닥의 검은 선을 따라 움직이기도 합니다. 장애물을 피하거나 선을 따라 움직이기 위해서 햄스터에 있는 여러 가지 센서들을 사용합니다.

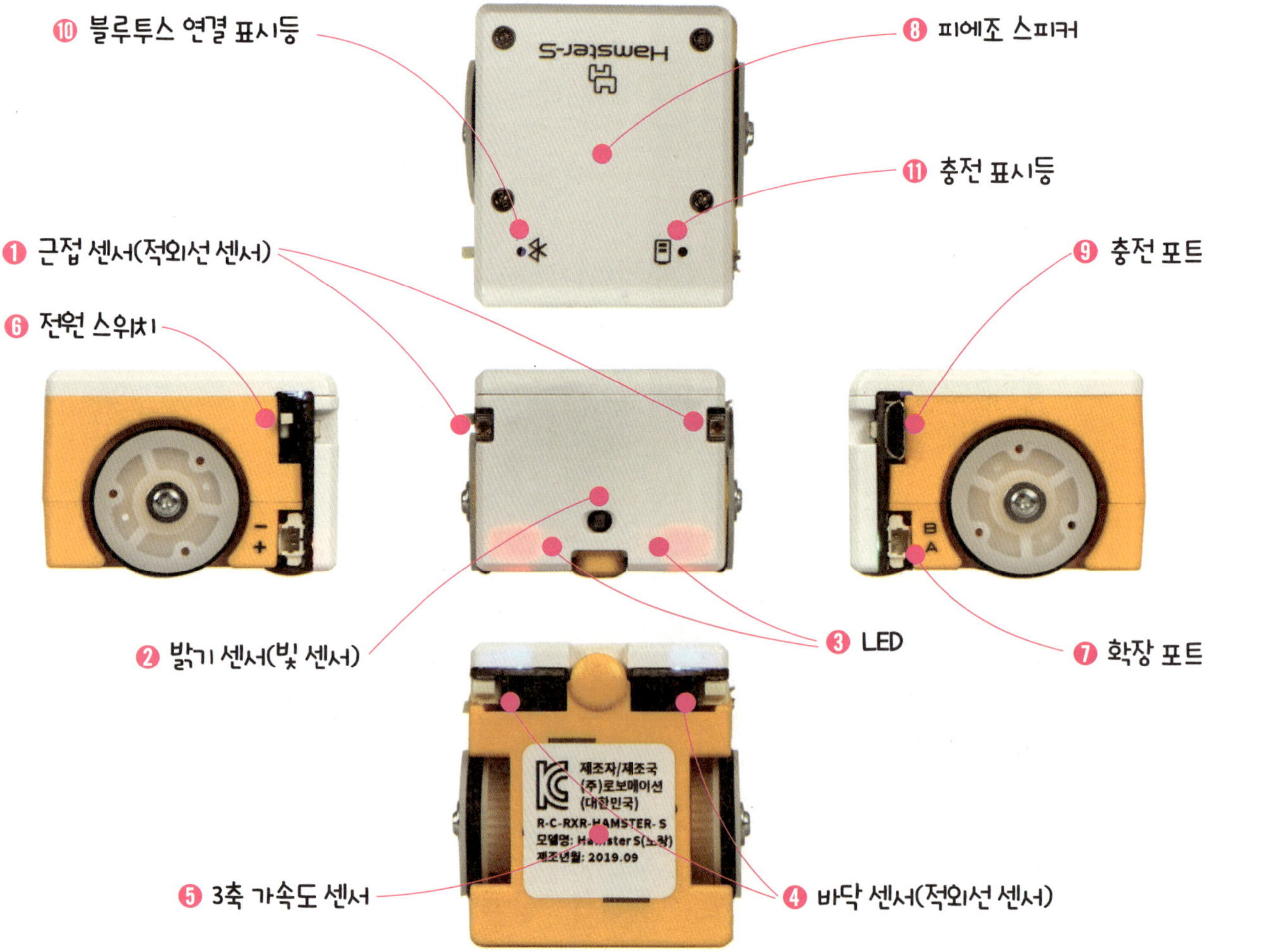

❶ 근접 센서(적외선 센서)
❷ 밝기 센서(빛 센서)
❸ LED
❹ 바닥 센서(적외선 센서)
❺ 3축 가속도 센서
❻ 전원 스위치
❼ 확장 포트
❽ 피에조 스피커
❾ 충전 포트
❿ 블루투스 연결 표시등
⓫ 충전 표시등

❶ 근접 센서(적외선 센서) : 사물이 근처에 있는지 판단하는 역할로 사람의 눈처럼 왼쪽과 오른쪽에 각각 하나씩 있습니다. 미로 찾기 등의 코딩을 할 수 있습니다.

❷ 밝기 센서(빛 센서) : 밝기를 측정하는 센서로 햄스터의 앞부분에 있습니다.

❸ LED : 색상을 변경하여 사용자가 원하는 색을 코딩하여 재연할 수 있습니다.

❹ 바닥 센서(적외선 센서) : 검은색 선을 따라 움직이는 코딩을 할 수 있습니다.

❺ 3축 가속도 센서 : 햄스터가 기울어지거나 뒤집히는 것을 감지하는 코딩을 할 수 있습니다.

❻ 전원스위치 : 전원을 켜거나 끌 때 사용합니다.

❼ 확장 포트 : 더 많은 센서와 악세사리를 연결할 수 있습니다.

❽ 피에조 스피커 : 버저음을 내거나 음악을 연주하였을 때 소리를 들려주는 스피커입니다.

❾ 충전 포트 : 햄스터를 충전할 때 사용합니다.

❿ 블루투스 연결 표시등 : 블루투스로 PC와 연결되었을 때 표시되는 등입니다.

⓫ 충전 표시등 : 배터리 용량을 표시합니다.

햄스터와 햄스터-S의 차이는 무엇인가요?

	햄스터	햄스터-S
크기	가로35mm×세로40mm×높이30mm	
무게	30g	45g내외
센서 및 구동 장치	전방 근접 센서 × 2 DC 기어 모터×2 바닥 센서×2 7색 LED×2 3축 가속도 센서×1 버저(피에조 스피커) 조도 센서 확장 포트×2 내부 온도 센서	전방 근접 센서 × 2 스테핑 모터×2 바닥 센서×2 풀 컬러 LED×2 3축 가속도 센서×1 버저(피에조 스피커) 조도 센서 확장 포트×2(시리얼 입출력 기능 추가) 내부 온도 센서
통신 방법	블루투스 BLE4.0	
배터리	Li-poly / 3.7V / 200mA / 충전 전압(5V)	
동작시간	1시간 내외(사용에 따라 달라질 수 있음)	

햄스터

햄스터와 엔트리 연결하기

01 블루투스 동글을 컴퓨터의 USB에 꽂습니다.

02 햄스터 로봇의 전원을 켜서, 동글 가까이 가져갑니다.

03 엔트리의 [하드웨어] - [연결 프로그램 열기] 버튼을 클릭합니다.

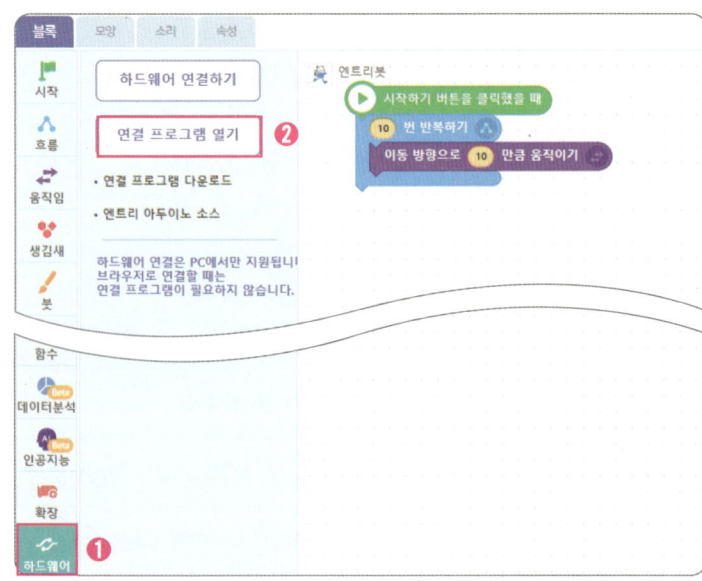

> **TIP**
> 연결 프로그램 열기 버튼을 클릭하면 알림 창이 나타나면 [확인] 버튼을 클릭하고 이어지는 Entry_HW 메시지 창에서 [Entry_HW 열기] 버튼을 클릭합니다.

04 엔트리 하드웨어에서 연결하려는 햄스터를 선택합니다. 여기에서는 햄스터-S를 선택하였습니다.

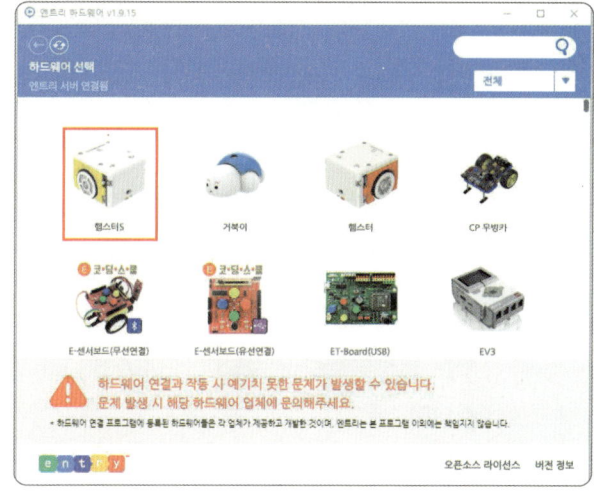

TIP
햄스터를 가지고 있을 경우에는 햄스터를 선택하고 햄스터-S를 가지고 있으면 햄스터-S를 선택해야 합니다.

05 엔트리와 하드웨어가 연결됩니다. 엔트리 하드웨어 창의 왼쪽 상단에 '연결 성공'이 아닌 '연결 대기'로 표시되어 있다면 [드라이버 설치] 버튼을 클릭합니다.

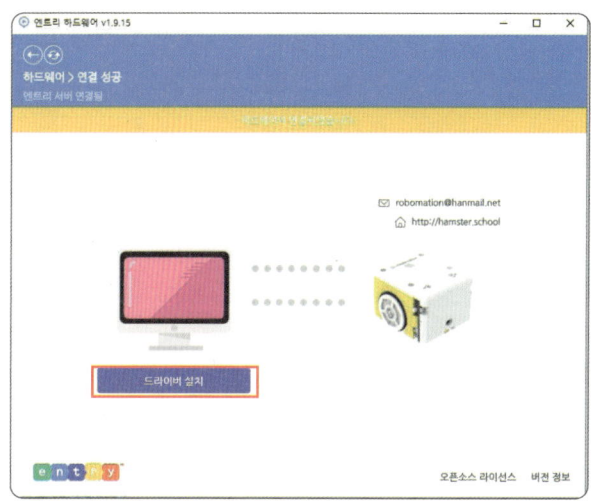

TIP
엔트리에서 햄스터 코딩을 하는 동안 엔트리 하드웨어 창을 종료하면 코딩을 할 수 없게 됩니다.

06 [블록] 탭을 확인하면 햄스터와 관련된 블록들이 표시됩니다.

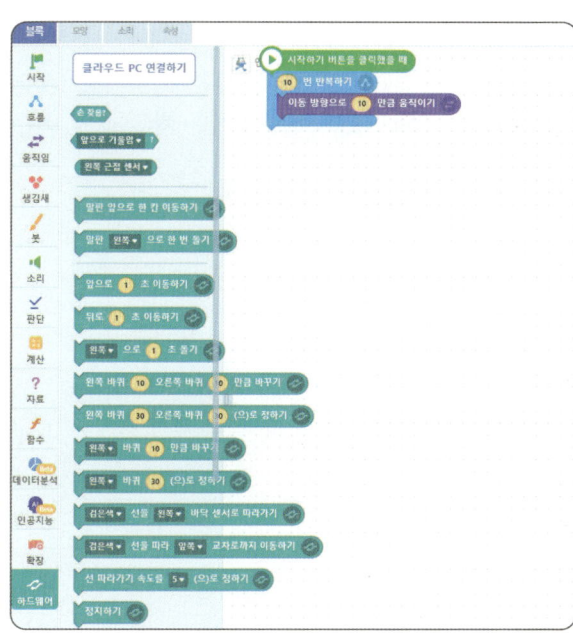

햄스터

알아보기

엔트리에서 햄스터 센서 확인하기

엔트리에서 햄스터의 여러 가지 센서와 센서 값을 확인할 수 있습니다. 센서와 센서 값을 확인하기 위해서는 블루투스로 연결되어 있어야 합니다. 엔트리에서 센서와 센서 값을 확인하는 방법에 대해 알아보겠습니다.

❶ 엔트리의 실행 화면 아래에서 [하드웨어 상태] 탭을 클릭합니다.

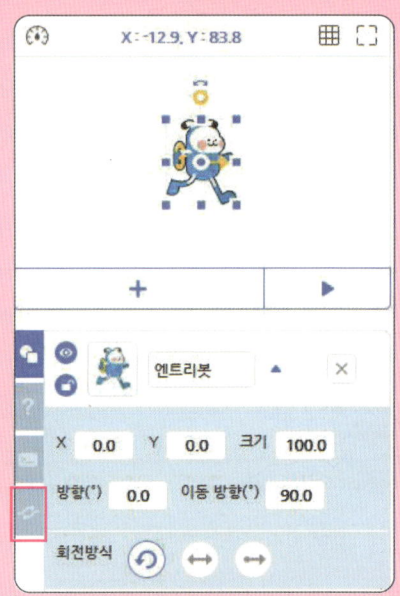

❷ 햄스터의 여러 가지 센서와 센서 값을 확인할 수 있습니다.

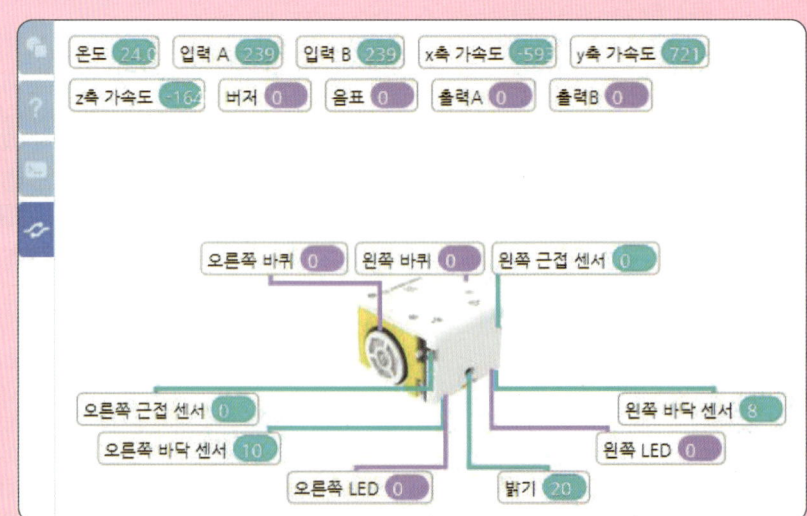

햄스터를 안전하게 운전해 보아요

01 다음과 같이 블록을 연결한 후 실행 화면의 [시작하기] 버튼을 클릭해 보세요. 햄스터가 앞으로 천천히 움직이기 시작합니다.

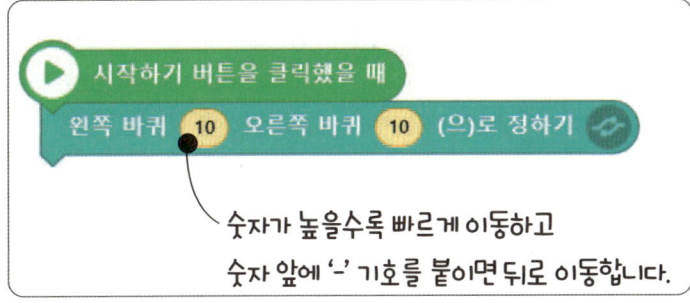

02 앞으로 움직이는 햄스터를 키보드의 스페이스 바를 눌렀을 때 멈추도록 블록을 연결합니다.

03 앞으로, 뒤로 이동하고 왼쪽 또는 오른쪽으로 방향을 바꾸도록 다음과 같이 블록의 숫자를 변경해 보면서 어떻게 움직이는지 확인해 보세요.

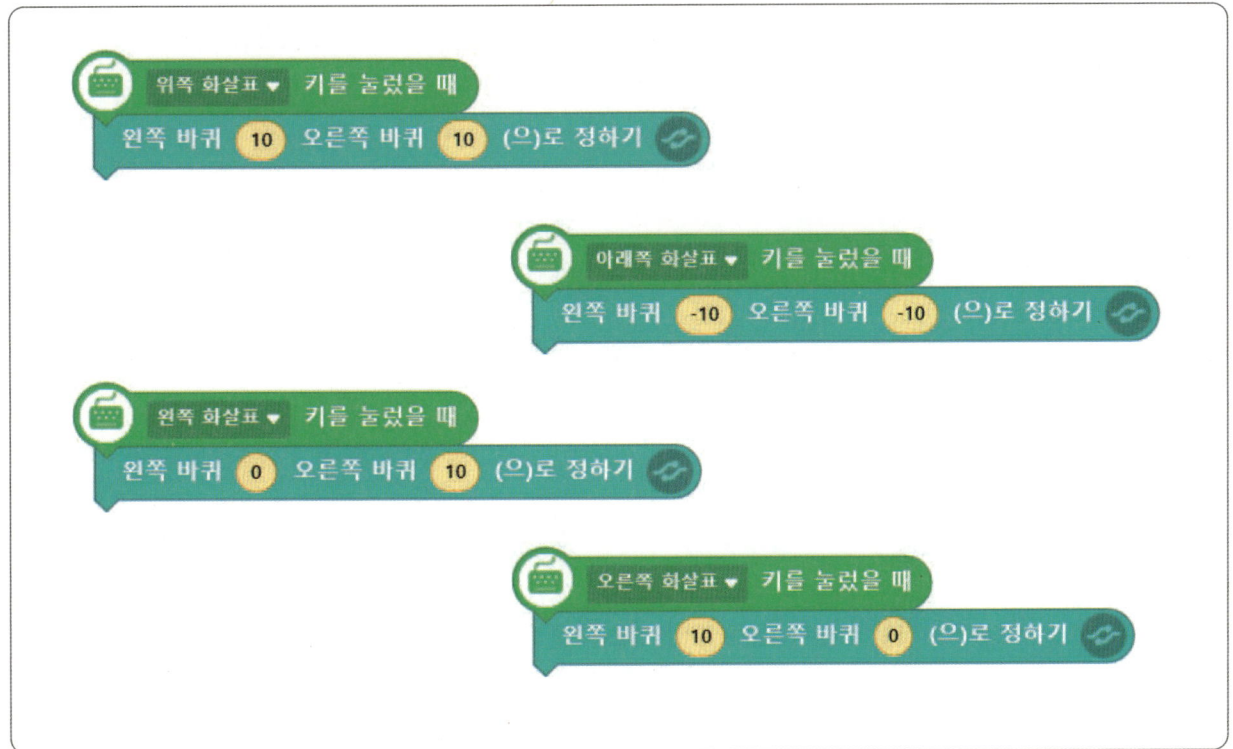

햄스터

04 엔트리에서 **03**의 블록들을 모두 만들어 주고 '부록-16' 위에 햄스터를 올려놓고 키보드를 누르면서 도로를 따라 안전하게 운전해 보세요.

알아보기

방향키로 회전하는 블록들 알아보기

엔트리에서 햄스터를 회전할 수 있는 블록은 다양합니다.  블록 외에 어떤 블록이 있는지 알아본 후 직접 블록을 실행해 보고, 어떤 차이가 있는지 확인해 봅시다.

오른쪽으로 회전하는 블록들

왼쪽으로 회전하는 블록들

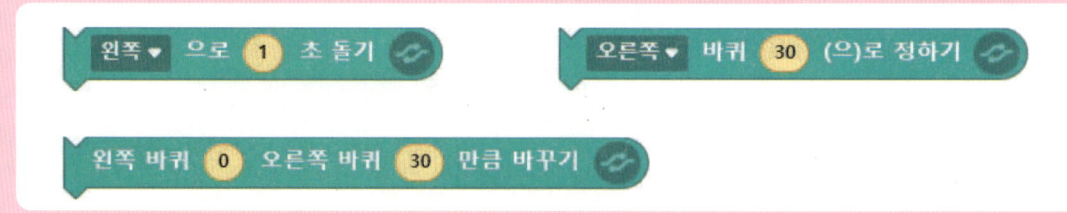

도전하기

'부록-17' 위에 햄스터 로봇을 도로를 따라 재미있는 운전 게임을 해봐요.

- **Mission 01** 화살표 키를 눌렀을 때 햄스터 로봇이 방향을 바꾸는 코드를 다음의 블록으로 만들어 보세요.

- **Mission 02** 도로를 따라 햄스터 로봇이 이동할 때 도로 밖으로 나갔을 때 벌칙을 만들고 끝까지 주행했을 때 시간을 측정하는 등의 점수 규칙을 만들어 보세요.

- **Mission 03** 규칙에 따라 친구들과 시합을 해 보세요..

8

우리 마을을 지키는 햄스터 로봇

우리 마을을 지키는 작은 영웅, 햄스터 로봇이 있어요! 마을을 깨끗하고 안전하게 만들기 위해 항상 열심히 일하고 있답니다. LED를 이용해 어두운 길을 밝혀 주기도 하고, 위험을 감지하면

무엇을 배울까?

1. 밝기 센서를 활용할 수 있는 방법을 알아봅니다.
2. LED에 대해 알아봅니다.
3. 햄스터 로봇으로 소리를 내는 방법을 알아봅니다.
4. 마을을 순찰하는 로봇을 만들어 봅니다.

생각해 보기

1. 어두워지면 로봇이 LED를 켤 수 있을까?
2. LED를 다양한 색상으로 바꿀 수 있을까?
3. 햄스터 로봇으로 음악을 연주할 수 있을까?

준비물 햄스터 로봇 1대, 부록-18

Coding School

소리를 울려 주변에 알릴 수도 있습니다. 우리 마을을 지키는 햄스터 로봇은 또 무슨 일을 할 수 있는지 같이 알아봅시다.

Q1 밝기 센서는 어디에 있나요?
햄스터-S 로봇 앞면 아래쪽에 있습니다. 엔트리 하드웨어 연결 후 하드웨어 창에서 센서 값을 확인할 수 있습니다.

Q2 RGB는 무엇을 의미하나요?
RGB는 빛의 3원색을 의미합니다. R(Red), G(Green), B(Blue)을 혼합하여 다양한 색상을 연출할 수 있습니다. R,G,B 각각 0~255의 값을 입력할 수 있습니다.

89

햄스터

밝기 센서로 햄스터 움직이기

01 햄스터 로봇을 엔트리와 연결한 후 [하드웨어 상태] 탭을 클릭한 후 밝기 센서의 값을 확인해 봅니다.

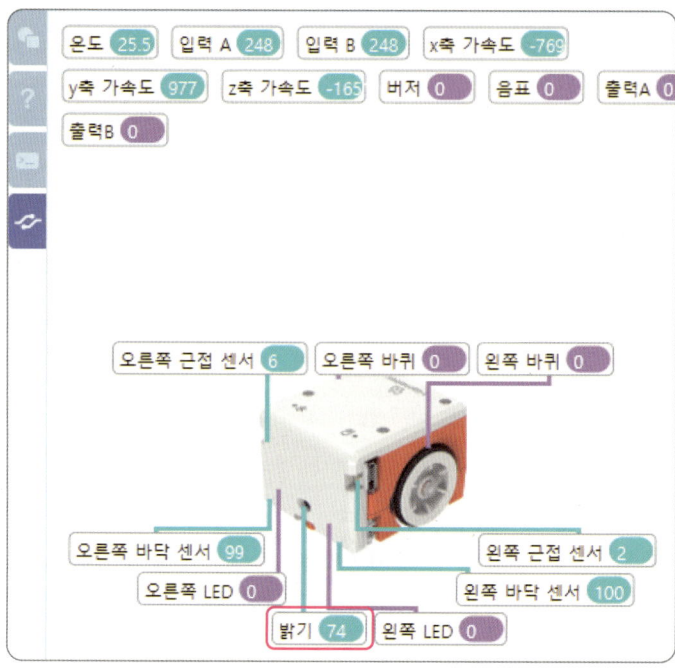

02 햄스터 로봇 앞부분에 있는 밝기 센서 앞을 손바닥으로 가려봅니다. 밝기 센서의 값을 확인하면 숫자가 낮아지는 것을 확인할 수 있습니다. 센서 값의 숫자가 높으면 밝고, 낮으면 어둡다는 것을 확인할 수 있습니다.

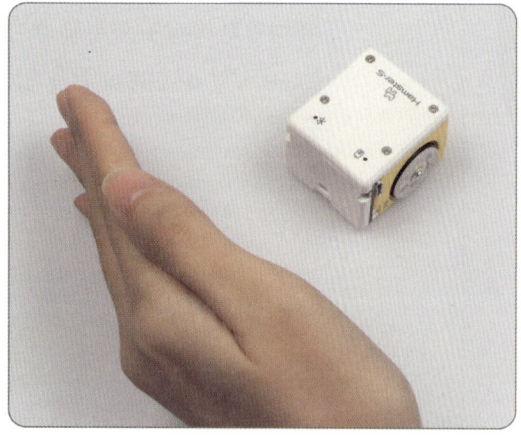
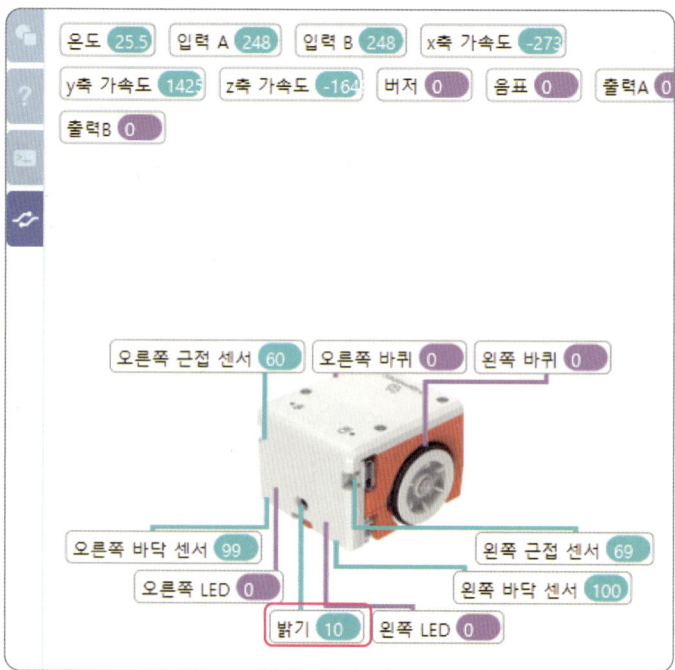

03 '시작하기 버튼을 클릭했을 때' 블록 아래에 '흐름' 카테고리에서 '계속 반복하기' 블록을 연결합니다.

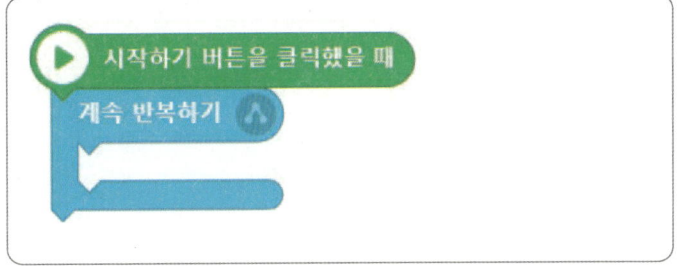

04 밝기 센서의 값이 20보다 높으면 앞으로 1초 이동하도록 블록을 연결합니다.

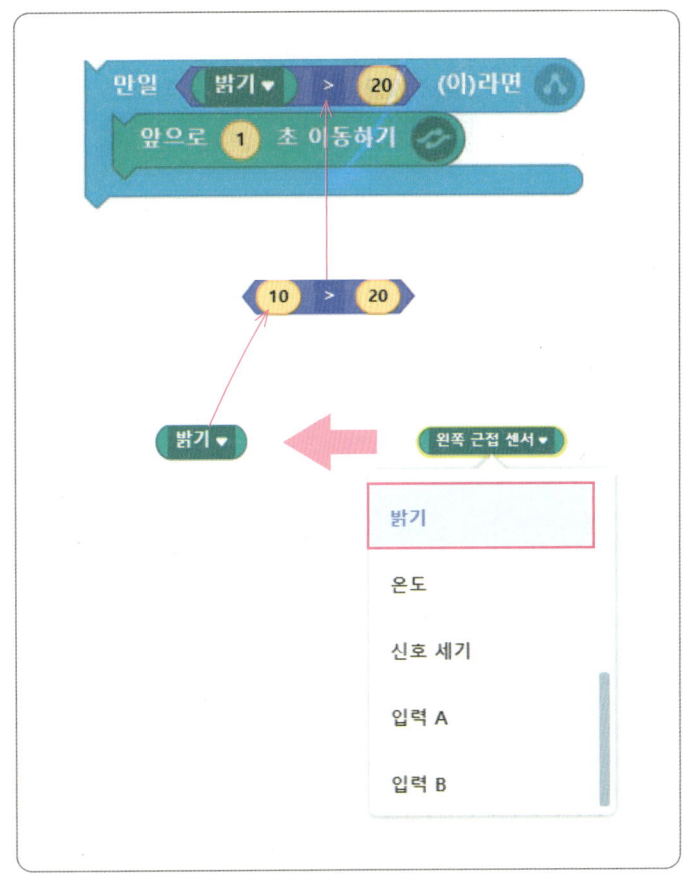

05 03에서 만든 계속 반복하기 블록 안에 04에서 만든 블록을 끼워 넣고 [시작하기] 버튼을 클릭해 보세요. 밝기 센서의 값이 20보다 높으면 햄스터 로봇이 앞으로 이동합니다.

햄스터

06 햄스터 로봇이 앞으로 이동하고 있을 때 밝기 센서 앞을 손바닥으로 가로막아 보세요. 밝기 센서의 값이 낮아지면서 움직이던 햄스터가 멈춥니다.

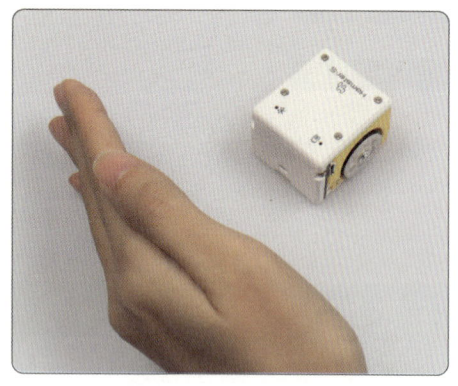

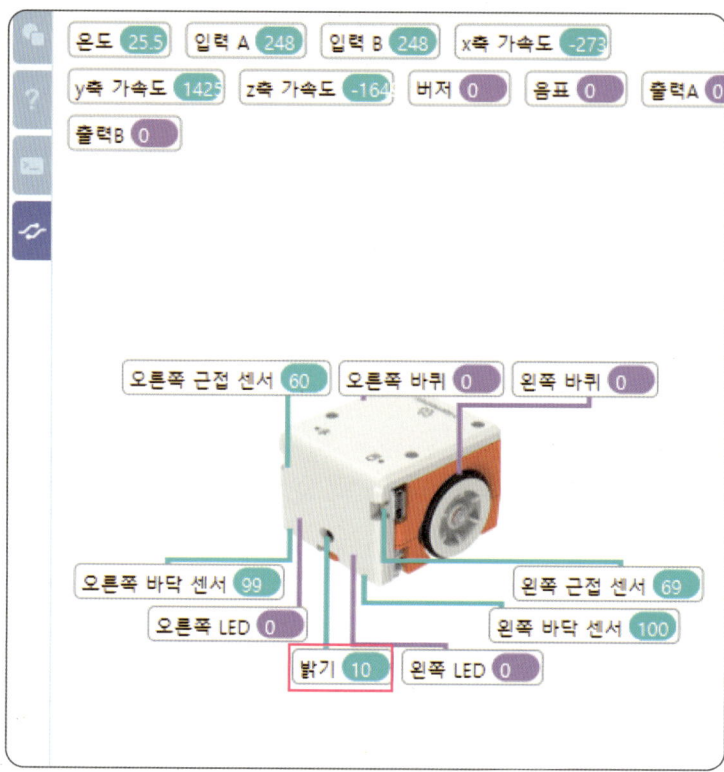

07 **04**에서 만든 블록을 위에서 마우스 오른쪽 버튼을 클릭해서 [코드 복사 & 붙여넣기] 메뉴로 하나 더 복사한 후에 밝기 센서의 값이 20과 같거나 낮을 경우 뒤로 1초 이동하도록 코드를 수정합니다.

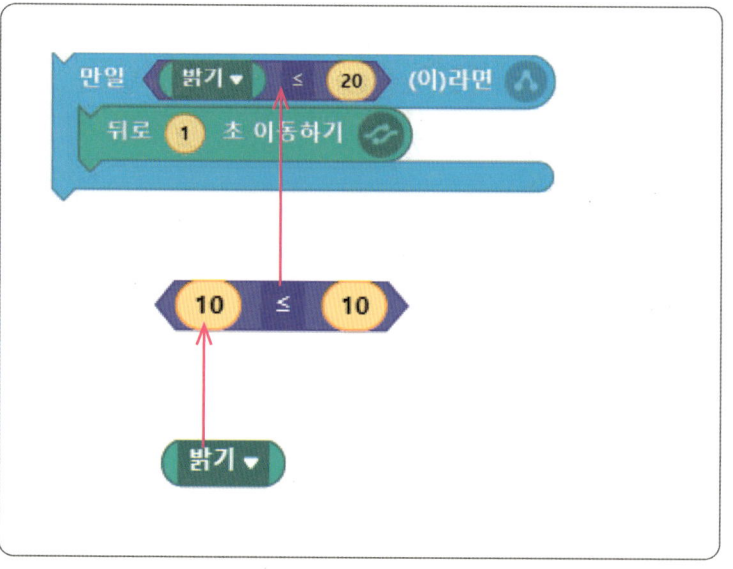

TIP

만일 코딩하는 환경이 어두워서 [시작하기] 버튼을 눌렀을 때 뒤로 이동하기만 한다면 플래시를 이용해서 햄스터 로봇을 앞으로 움직이도록 해 봅니다.

08 ⓞ⑦의 블록을 오른쪽과 같이 아래에 붙이고 [시작하기] 버튼을 클릭하여 확인해 보세요. 햄스터 로봇은 밝기 센서의 값이 20보다 높으면 앞으로 이동하다가 앞에 손을 갖다대면 뒤로 후진합니다.

LED 켜고 끄기

01 햄스터 로봇 앞면 아래에 두 개의 LED가 있습니다. 평소에는 보이지 않지만 코딩에 의해 다양한 색상으로 연출할 수 있습니다. 오른쪽과 같이 코딩을 한 후에 [시작하기] 버튼을 클릭하면 왼쪽은 빨간색, 오른쪽은 초록색으로 LED가 켜집니다.

02 오른쪽 블록과 같이 아래에 '1초 기다리기'와 'LED 끄기' 블록을 추가하고 [시작하기] 버튼을 눌러 보세요. LED가 1초 간격으로 켜졌다가 꺼집니다.

햄스터

알아보기

햄스터-S 로봇에서 LED의 색상을 바꾸는 블록

색상표를 이용한 LED 색상 표현

하드웨어를 연결할 때 햄스터-S 로봇을 선택했다면 블록 중에는 오른쪽과 같이 사각형 색상이 표시된 블록이 있습니다. 이 블록의 사각형 색상을 클릭하면 원하는 색으로 바꿀 수 있습니다.

❶ 슬라이드 모드에서 색상 선택하기

원하는 색상을 만들 수 있습니다. RGB 숫자를 직접 입력하거나 색상, 채도, 명도 슬라이더를 드래그하여 색을 설정하거나, 스포이드 아이콘을 눌러 엔트리 장면 창에서 원하는 색을 선택할 수도 있습니다.

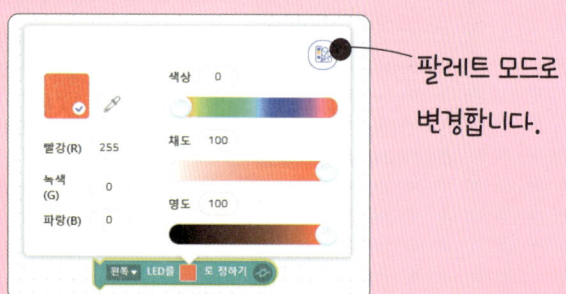

팔레트 모드로 변경합니다.

❷ 팔레트 모드로 색상 선택하기

블록에서 제공하는 여러 가지 색상을 팔레트 형식으로 표시하여 원하는 색상을 간편하게 선택할 수 있습니다.

슬라이드 모드로 변경합니다.

숫자를 이용한 LED 색상 표현

R(Red), G(Green), B(Blue) 숫자를 직접 입력하여 색을 설정할 수 있습니다.

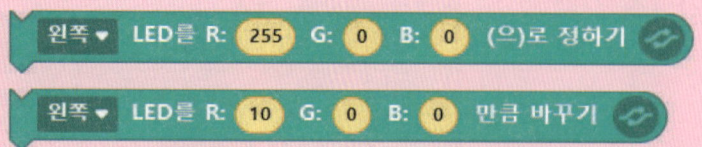

엔트리 명령어 블록에는 '~정하기' 블록과 '~만큼 바꾸기' 블록이 있습니다. '~정하기' 블록은 정해진 고정 값을 유지하는 것이고, '~만큼 바꾸기'는 이전에 정한 값에서 '~값만큼만' 바뀐다는 의미입니다.

햄스터에서 소리 표현하기

01 다음과 같이 '버저 음을 1000으로 정하기' 블록을 연결하고 [시작하기] 버튼을 누르면 [정지하기] 버튼을 누를 때까지 버저음 소리가 납니다.

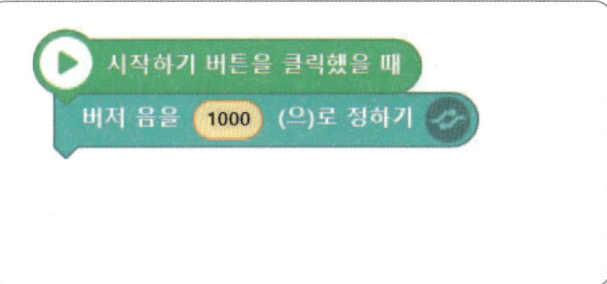

02 버저 음을 1초 동안 지속해서 낼 수 있도록 '1초 기다리기' 블록과 '버저 끄기' 블록을 연결합니다.

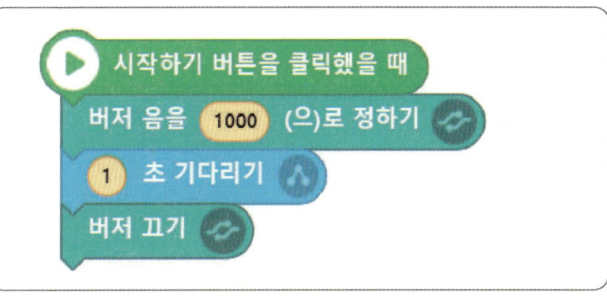

TIP
'1초 기다리기' 블록을 사용하지 않고 곧바로 '버저 끄기' 블록을 연결하면 아무런 소리도 나지 않습니다.

03 지금부터는 햄스터가 연주하도록 코딩해 봅시다. '흐름' 블록 모음에서 '10번 반복하기' 블록을 연결하고 2회 반복하도록 숫자를 변경한 후 '하드웨어' 블록 모음에서 '도 4음을 0.5박자 연주하기' 블록을 끼워 넣습니다.

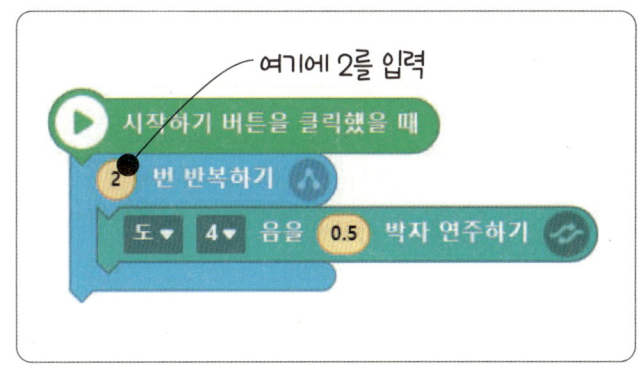

여기에 2를 입력

TIP
피아노 건반처럼 도, 도#, 레, 레#, 미, 파, 파#, 솔, 솔#, 라, 라#,시 음을 비롯해 다양한 옥타브의 음을 연주할 수 있습니다.
음의 숫자가 높을수록 높은 옥타브를 소리낼 수 있습니다. 박자(음표의 길이)도 조절할 수 있어서 나만의 음악을 만들 수도 있습니다.

햄스터

04 다음과 같이 끼워 넣은 블록을 2회 복사하고 '미', '솔'로 변경합니다.

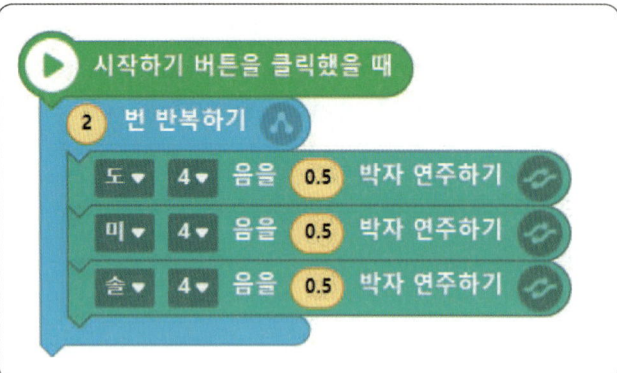

05 반복하기 아래에 다음과 같이 블록을 연결한 후 [실행하기] 버튼을 눌러서 확인해 보세요.

알아보기

소리와 관련된 블록의 경우 햄스터와 햄스터-S 로봇이 차이가 있습니다. 햄스터에는 '삐' 소리 블록만 있지만, 햄스터-S 로봇은 감정을 포함한 16 종류의 소리를 선택할 수 있습니다.

햄스터와 햄스터-S 로봇에 있는 블록

햄스터 로봇에서는 경고음을 '삐 소리내기' 블록으로 하나의 소리만 사용할 수 있습니다.

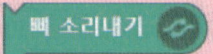

햄스터-S 로봇에만 있는 블록

햄스터-S 로봇에서는 '삐' 소리는 물론이고 '무작위 삐', '지지직', '사이렌', '엔진!', '쩝', '로봇', '디비디비딥', '잘했어요'와 같은 소리도 낼 수 있습니다. 또한 '행복', '화남', '슬픔', '졸림'과 같이 감정을 표현할 수 있는 소리를 비롯해서 '행진', '생일의 효과음'을 선택할 수 있습니다.

 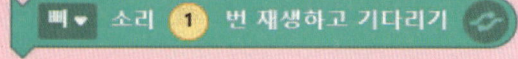

우리 마을 지킴이 햄스터 로봇 순찰차

01 '부록-18'을 준비하고 출발 위치를 정해 봅니다. 여기에서는 박물관, 도서관, 병원, 학교 순으로 순찰해 봅시다.

02 햄스터에서는 시간을 이용해서 이동하고 회전할 수 있고, 햄스터-S에서는 거리와 방향으로 이동하고 회전할 수 있습니다. 다음과 같이 블록을 연결해서 실험해 보세요. 햄스터-S 로봇일 경우에는 두 가지 방법을 이용해서 비교해 보고 햄스터 로봇일 경우에는 시간을 이용한 블록으로 테스트해 보세요.

↑시간을 이용한 코딩

↑거리와 방향을 이용한 코딩

햄스터

03 햄스터 로봇이 순찰을 할 때 왼쪽과 오른쪽 LED를 깜박이면서 이동하도록 다음과 같이 블록을 연결합니다. 햄스터-S 로봇을 사용하는 경우에는 왼쪽과 오른쪽 컬러를 이용하는 방법과 밝기 센서를 이용하는 방법으로 코딩을 해서 비교해 보세요.

↑햄스터 로봇의 LED 코딩

↑햄스터-S 로봇의 LED 코딩

04 마지막으로 햄스터 로봇이 순찰 사이렌을 울리도록 다음과 같이 코딩한 후 [시작하기] 버튼을 눌러 확인해 보세요.

도전하기

작품 주소: https://playentry.org/project/603bb80947484803793d0298

'부록-18'에 보물을 그려넣고 경찰과 도둑이 되어 보물을 찾아봅시다. 경찰은 보물을 지키기 위해, 도둑은 보물을 훔치기 위해 각자 정해진 위치에서 출발합니다. 누가 먼저 도착할까요? 여러분이 직접 도둑과 경찰의 역할을 맡아 규칙을 정해 진행해 봅시다.

- **Mission 01** 경찰과 도둑이 움직이는 규칙을 정해요.

- **Mission 02** 밤이 되었을 때의 움직이는 규칙을 정해요.

- **Mission 03** 도둑은 보물을 찾기 위한 코딩을 하고 경찰은 도둑을 잡는 코딩을 해요.

9

위험 신호 알리고 재난 방송하기

햄스터 로봇에는 여러 가지 센서들이 있습니다. 햄스터 앞에 사물이 있는지, 앞에 낭떠러지가 있는지, 오르막 또는 내리막인지, 옆으로 쓰러졌는지, 뒤집어졌는지 확인하고, 이를 신호로 알려줄

무엇을 배울까?

1. 근접 센서를 활용할 수 있는 방법을 알아봅니다.
2. 바닥 센서에 대해 알아봅니다.
3. 가속도 센서에 대해 알아봅니다.
4. 집게를 활용하여 구조 활동을 해 봅니다.

생각해 보기

1. 근접 센서를 활용해서 장애물을 피해갈 수 있을까?
2. 바닥 센서를 활용해서 낭떠러지를 발견할 수 있을까?
3. 햄스터 로봇이 지진을 감지할 수 있을까?
4. 집게를 활용해 장애물을 제거할 수 있을까?

준비물 햄스터 로봇, 그리퍼, 작은 종이컵, PC(엔트리), 부록-19~부록-20

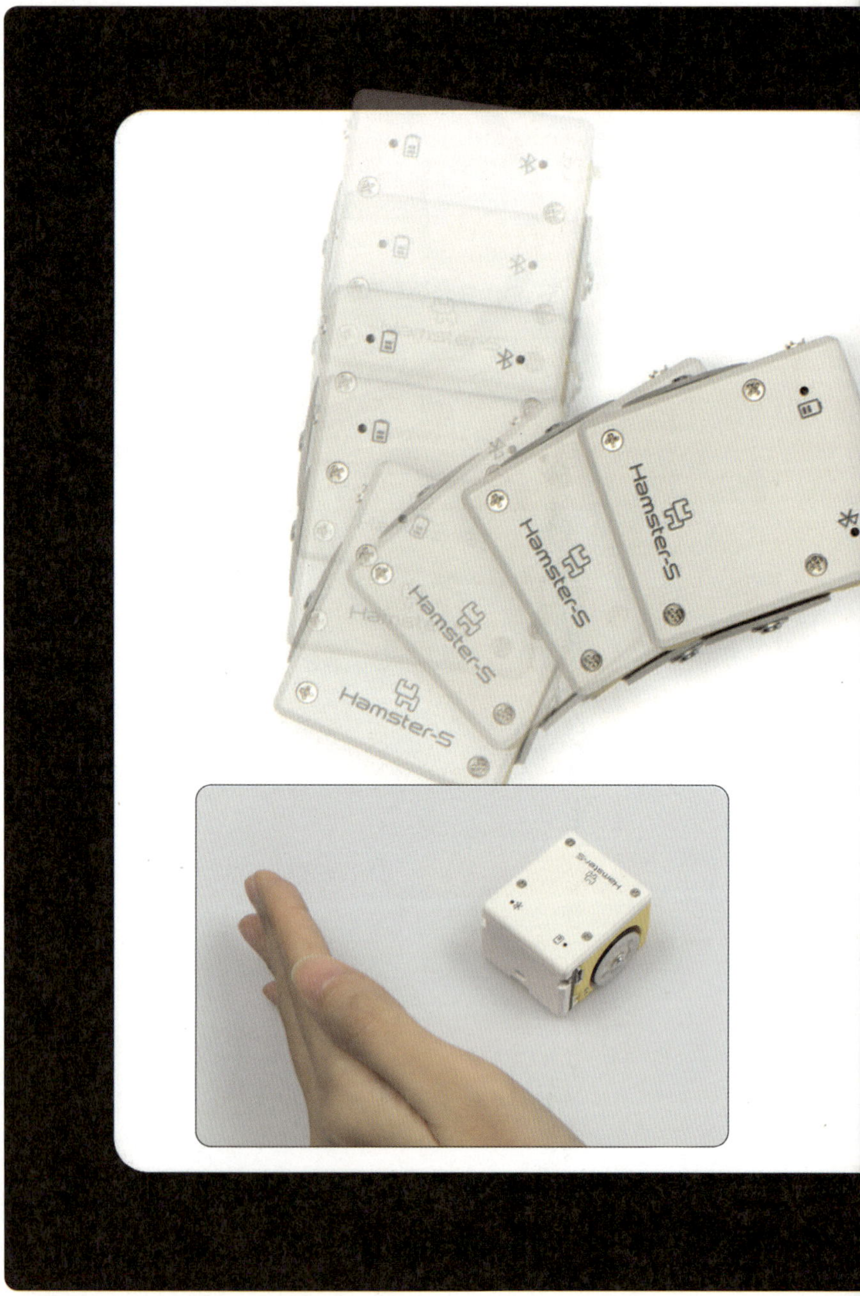

수 있습니다. 이외에도 인공지능 블록을 이용하면 예상치 못한 사고나 화재, 지진이 일어났을 때를 감지하여 행동 요령을 알려줄 수 있습니다.

Q1 근접 센서는 어디에 있나요?
햄스터-S 로봇 앞면 아래쪽에 있습니다. 엔트리 하드웨어 연결 후 하드웨어 창에서 센서 값을 확인할 수 있습니다.

Q2 바닥 센서는 어디에 있나요?
바닥 센서는 햄스터 로봇 바닥(앞쪽)에 있습니다. 가속도 센서와 내부 온도 센서도 로봇 내부에 탑재되어 있습니다.

햄스터

근접 센서로 장애물 피해서 이동하기

01 햄스터 로봇을 엔트리와 연결하여 왼쪽과 오른쪽의 근접 센서의 값을 확인합니다.

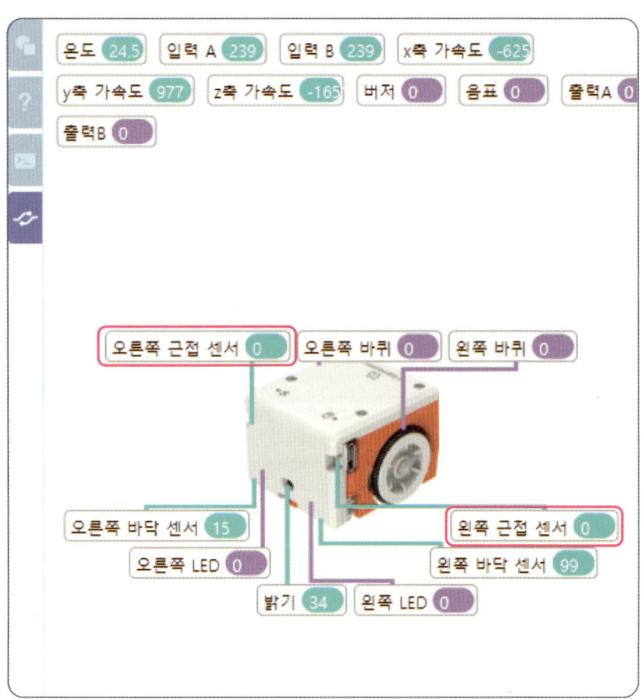

TIP

근접 센서는 적외선을 내보내고 물체에 부딪혀 반사되는 빛의 양을 다시 받아들여 물체를 감지하는 원리입니다. 물체가 하얀색일수록 빛의 반사하는 양이 많고, 검은색일수록 빛을 흡수하여 반사하는 양이 적습니다. 또한 센서가 인식하는 범위 내에 물체가 없을 경우, 반사되는 빛이 없으므로 센서 값 또한 낮습니다.

02 손이나 물체를 햄스터 로봇 앞에 놓았을 때 센서 값이 어떻게 변하는지 확인해 봅니다.

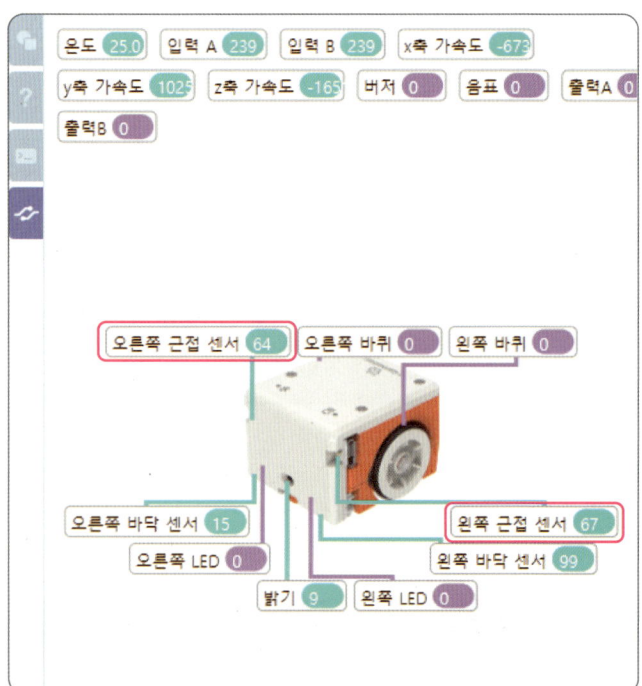

03 '손찾음' 블록을 이용해서 오른쪽과 같이 코딩을 하고 [시작하기] 버튼을 눌러 확인해 보세요. 햄스터 로봇이 앞으로 움직일 때 앞에 손을 갖다 대면 멈추고 손을 뺏을 때는 앞으로 이동합니다.

04 이번에는 왼쪽 오른쪽의 근접 센서 앞에 장애물이 있을 때 피해서 움직이도록 오른쪽과 같이 코딩을 하고 [시작하기] 버튼을 눌러서 확인해 보세요. 왼쪽 근접 센서 앞에 장애물이 있으면 오른쪽으로 피해서 이동하고 오른쪽 근접 센서 앞에 장애물이 있으면 왼쪽으로 피해서 이동합니다.

05 04에서 만든 코드를 훨씬 더 짧게 만들어 볼까요? 다음과 같이 〈참 또는▼ 거짓〉 판단 블록을 이용해서 코드를 만들어 보세요. 시간을 훨씬 더 절약해서 코드를 만들 수 있습니다.

햄스터

바닥 센서로 낭떠러지 피해서 이동하기

01 햄스터 로봇을 엔트리와 연결하여 왼쪽과 오른쪽의 바닥 센서의 값을 확인합니다.

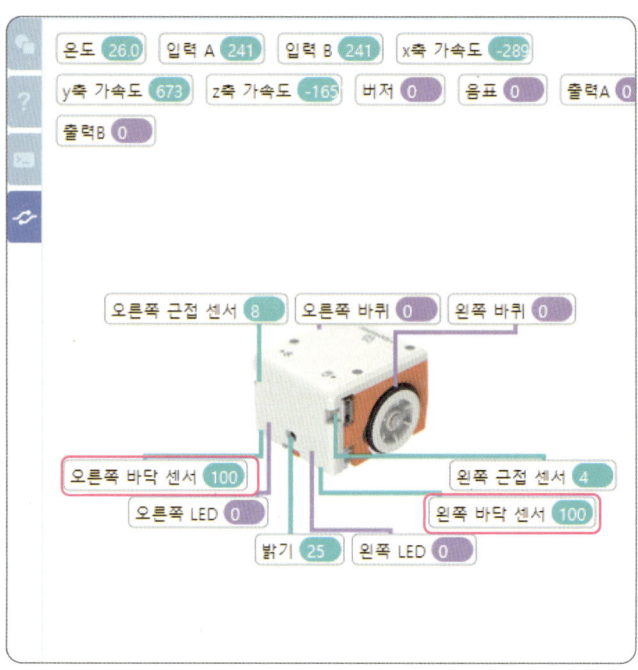

02 햄스터 로봇을 위로 들거나 검은색의 바닥 위에 올려놓고 바닥 센서의 값이 어떻게 바뀌는지 확인해 보세요.

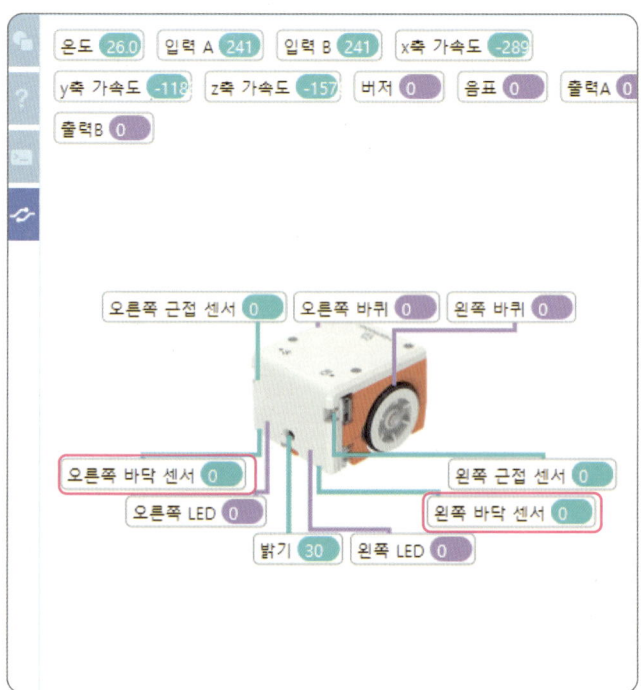

03 다음과 같이 바닥 센서로 검은색 또는 낭떠러지를 감지하면 뒤로 물러난 후 오른쪽으로 회전한 후 앞으로 이동하는 블록을 연결합니다.

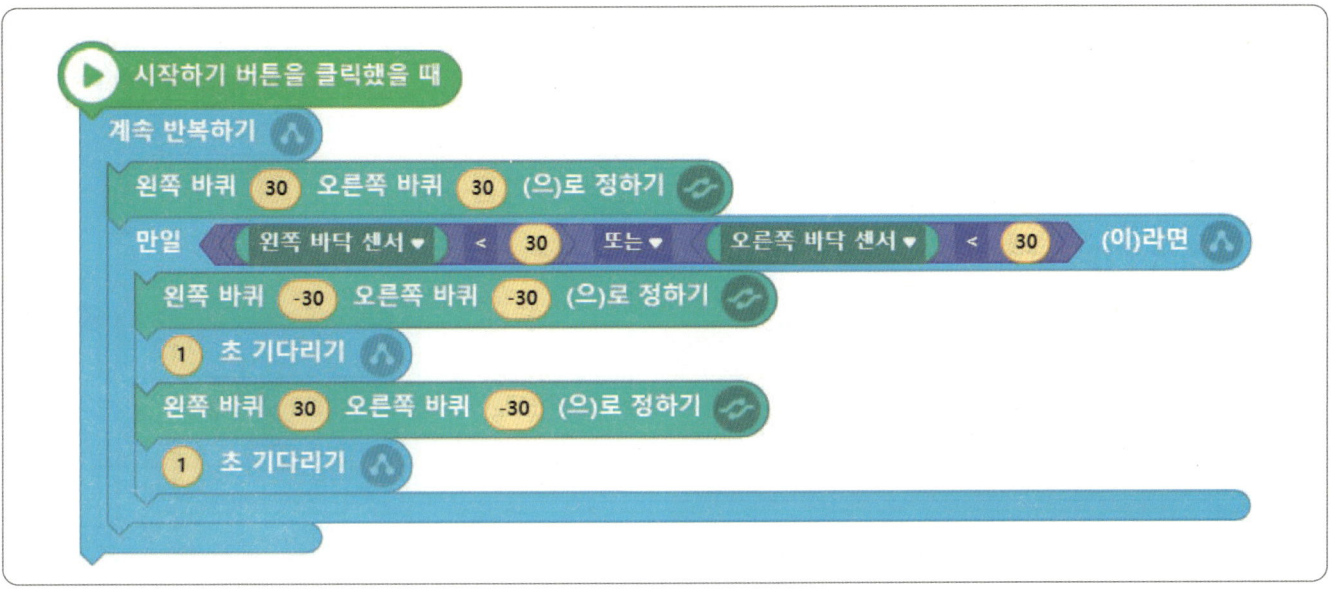

04 '부록-19'를 준비하고 그 위에 햄스터 로봇을 올려놓은 후 [시작하기] 버튼을 눌러 확인해 보세요. 흰색 배경 안에서 움직이는 햄스터 로봇이 검은색 위에 올라가면 후진한 후에 오른쪽으로 방향을 바꿔 앞으로 이동하게 되므로 부록 배경의 검은색 바깥으로 나가지 못하게 됩니다.

햄스터

가속도 센서로 사고 발생 알리기

01 햄스터 로봇을 엔트리와 연결하여 x축 가속도, y축 가속도, z축 가속도를 확인합니다.

> **TIP**
> 가속도 센서는 움직이는 물체의 가속도나 충격의 세기를 측정하는 센서입니다. 햄스터 로봇 앞면을 기준으로 x축 가속도는 앞뒤 방향, y축 가속도는 좌우 방향, z축 가속도는 상하 방향의 움직임을 의미합니다.

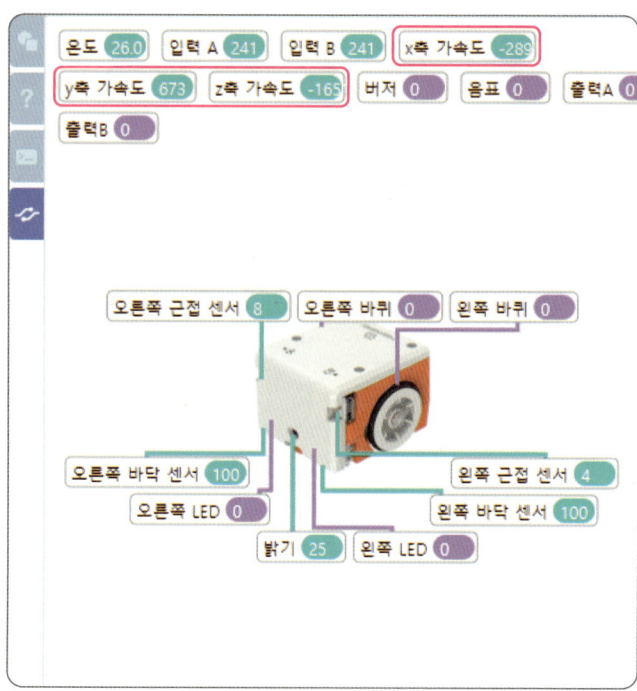

02 햄스터 로봇의 앞부분과 뒷부분을 바닥에 놓고 x축 가속도 센서 값을 확인해 보면 위치에 따라 바뀌는 것을 확인할 수 있습니다.

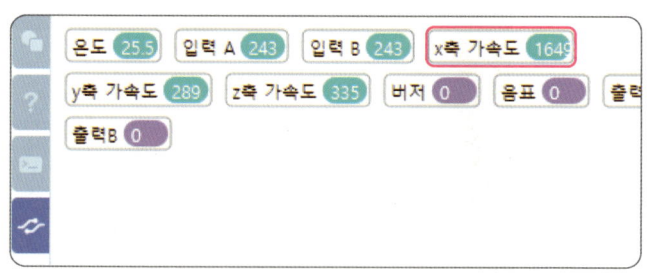

03 같은 방법으로 바퀴가 있는 양쪽 옆을 바닥에 놓고 y축 가속도 센서 값을 확인해 보세요.

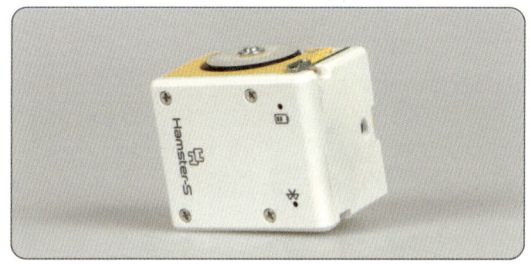 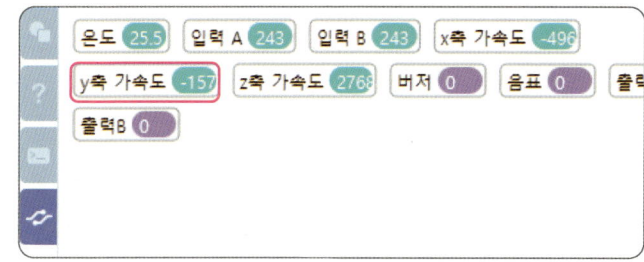

04 햄스터로 로봇을 뒤집어 놓고 **01** 에서의 z축 가속도 센서 값과 비교해 봅니다.

 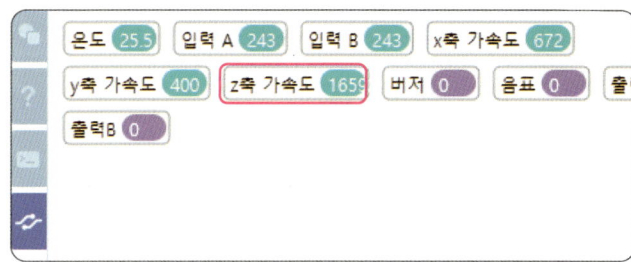

알아보기

가속도 센서와 관련된 블록 알아보기

가속도 센서와 관련된 블록은 햄스터 로봇의 동작 상태를 체크하기 때문에 '흐름' 블록들과 결합하여 다양한 명령을 만들 수 있습니다. 예를 들어 햄스터 로봇이 앞으로 또는 뒤로 기울어지면 소리는 내는 등의 코딩을 할 수 있습니다. '앞으로 기울임' 블록에 있는 메뉴를 선택하여 사용하며 햄스터 로봇에는 9개의 메뉴가 있고, 햄스터-S 로봇에는 11개의 메뉴가 있습니다.

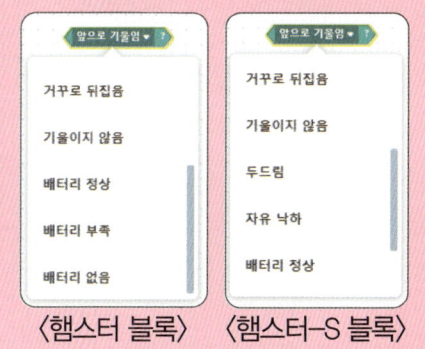

〈햄스터 블록〉 〈햄스터-S 블록〉

햄스터

05 다음은 햄스터 로봇이 뒤로 기울어지면 '오르막길입니다.'를 출력하고, 앞으로 기울어지면 '내리막길입니다.'를 엔트리봇이 출력하는 코딩입니다.

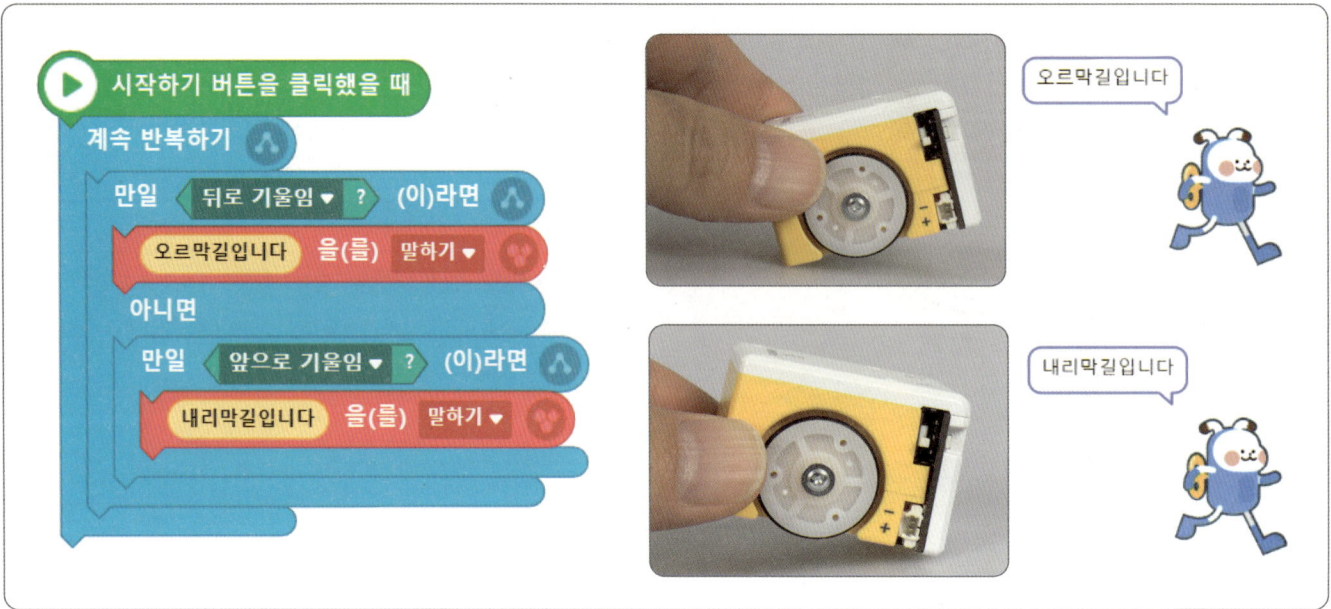

06 이번에는 햄스터 로봇이 앞으로 또는 뒤로 기울여져 있을 때 인공지능(AI) 블록을 활용해 음성으로 출력해 볼까요? '인공지능' 블록 모음에서 [인공지능 블록 불러오기] 버튼을 클릭한 후 [인공지능 블록 불러오기] 창에서 읽어주기를 선택하고 [불러오기] 버튼을 클릭합니다.

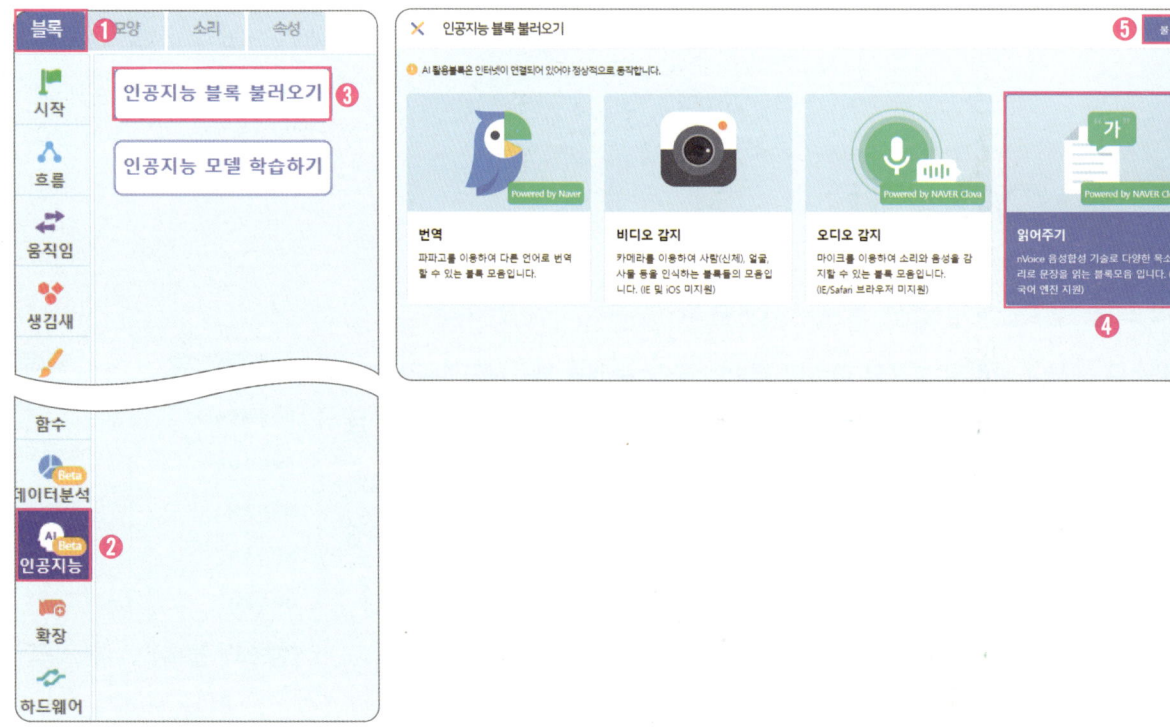

07 [인공지능] 블록 모음에 읽어주기 관련 블록이 표시되면 '여성 목소리를 보통 속도 보통 음높이로 설정하기' 블록과 '~읽어주고 기다리기' 블록을 이용해 05에서의 블록에 오른쪽과 같이 인공지능 블록을 추가하고 [시작하기] 버튼을 눌러 확인해 보세요. 엔트리봇에 말풍선과 함께 소리로 알려 줍니다.

08 07의 블록에 오른쪽과 같이 평지에서는 움직이다가 오르막과 내리막에서는 움직이지 않도록 블록으로 코딩해 보세요.

햄스터

재난 안내 방송하기

01 다음과 같이 햄스터 로봇의 경우에는 왼쪽 또는 오른쪽 옆으로 기울어졌을 때, 햄스터-S 로봇의 경우에는 두드림이 발생했을 때 위험을 알려주고, 뒤집혔을 때 사고 발생을 알리도록 코딩한 후 [시작하기] 버튼을 눌러 확인해 보세요.

⟨햄스터 로봇 코딩⟩   ⟨햄스터-S 로봇 코딩⟩

02 '확장' 블록 모음과 '변수' 기능을 활용하면 '지진 안내 방송'을 할 수 있습니다. 먼저 확장 블록을 불러옵니다.

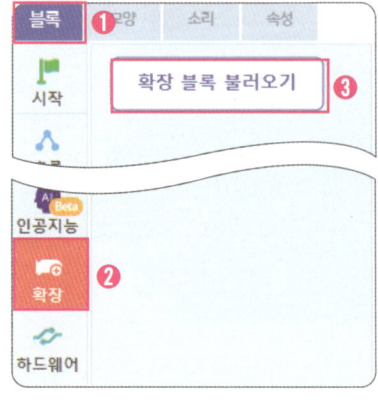
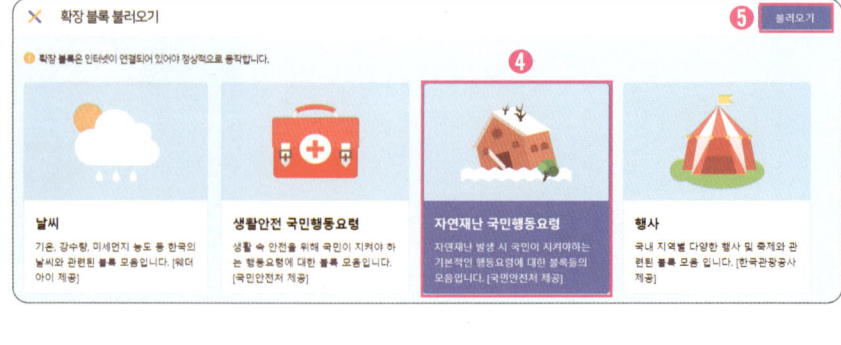

03 [속성] 탭에서 '지진 안내 방송'으로 변수를 만듭니다.

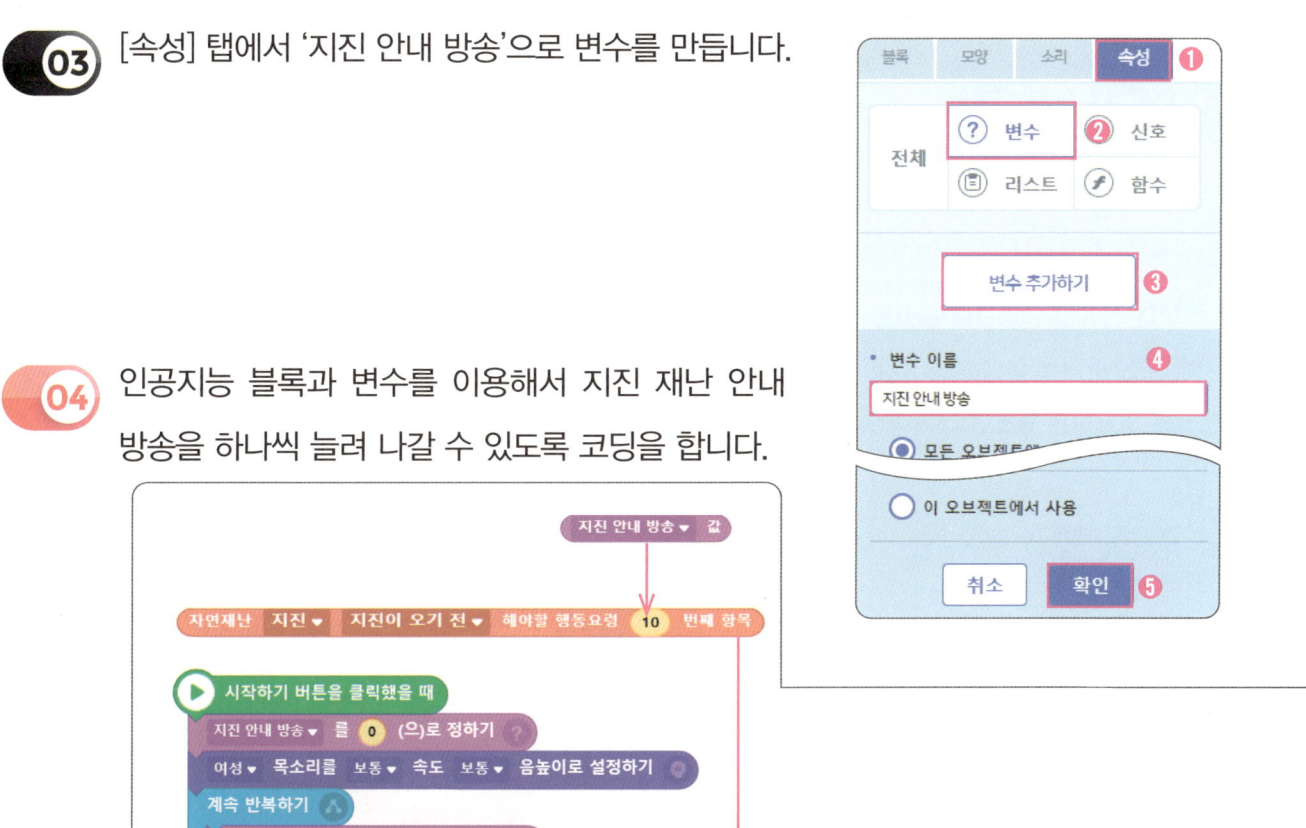

04 인공지능 블록과 변수를 이용해서 지진 재난 안내 방송을 하나씩 늘려 나갈 수 있도록 코딩을 합니다.

05 다음과 같이 지진 안내 방송을 21번까지 마치면 처음으로 되돌아가도록 하는 블록들을 추가로 연결하여 지진 안내 방송 코딩을 마칩니다. [시작하기] 버튼을 누르면 지진이 발생했을 때 행동 요령을 말풍선으로 보여주면서 소리로 들려줍니다. 같은 방법으로 태풍, 홍수, 호우, 강풍, 대설, 한파, 풍랑, 황사, 폭염, 가뭄, 해일, 산사태 등 자연 재난이 발생했을 대 국민 행동 요령에 대한 코딩을 해 보세요.

햄스터

알아보기

집게를 사용해 물건 옮기기

햄스터 로봇에 집게를 연결하면 물건을 집거나 놓을 수 있습니다. 작은 종이컵을 집어서 다른 장소에 옮겨 놓을 수 있으며, 근접 센서를 활용해서 가로막힌 사물들을 감지하고 피해간 뒤에 집게로 집은 물건을 옮길 수도 있습니다. 집게를 사용하는 블록에 대해 알아보고 사물을 옮기는 방법에 대해 알아보겠습니다.

집게와 관련된 명령 블록

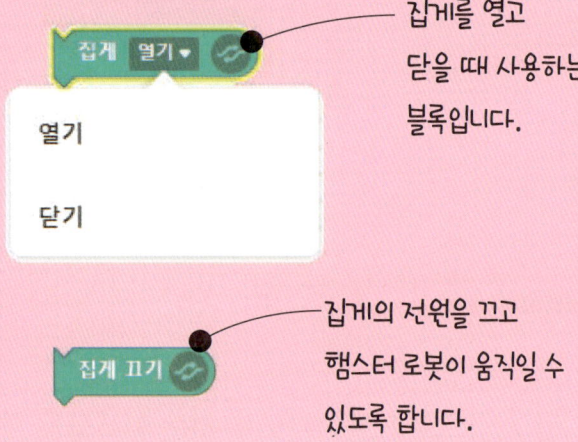

집게를 열고 닫을 때 사용하는 블록입니다.

집게의 전원을 끄고 햄스터 로봇이 움직일 수 있도록 합니다.

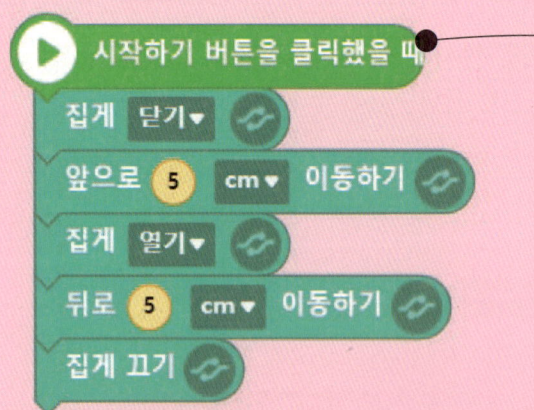

[시작하기] 버튼을 눌렀을 때 앞에 있는 물건을 집게로 집어서 5cm 이동한 후 집게를 열어서 물건을 내려 놓고 집게의 전원을 끄는 블록 코딩입니다.

작품 주소: https://playentry.org/project/603c0b301e6f7e03b97130ba

도전하기

'부록-20'을 준비하고 바닥 센서를 이용해서 바깥으로 나가지 않도록 하고 장애물을 피해서 이동한 후 재난 안내를 하는 등의 코딩을 해 보세요.

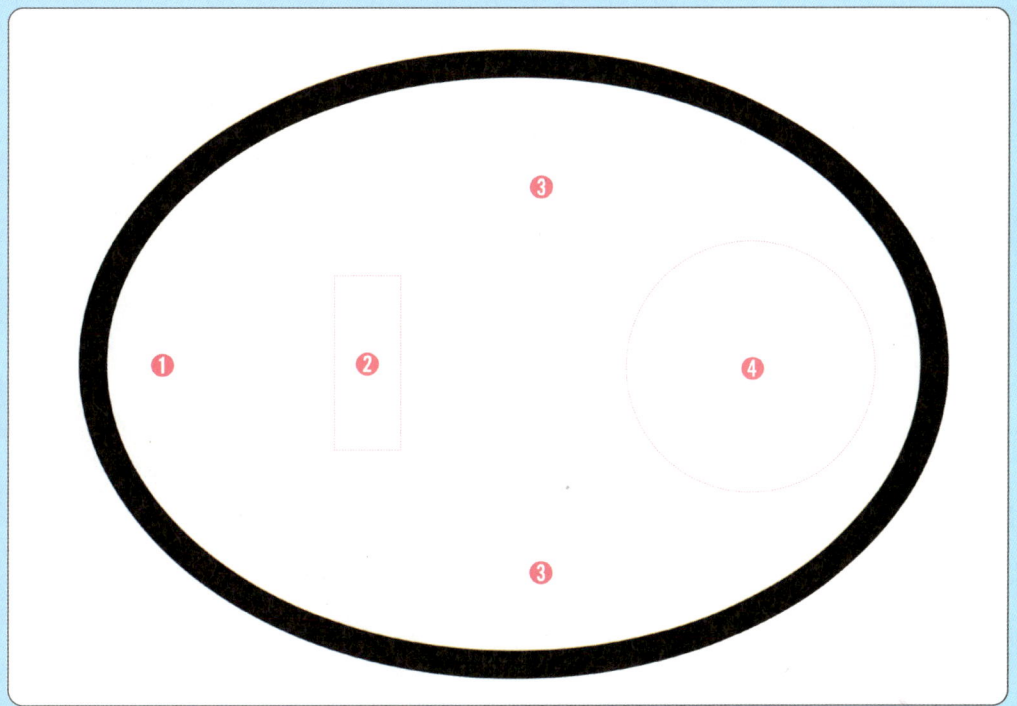

Mission 01 햄스터 로봇이 원 밖으로 나가지 못하도록 코딩을 해 보세요.

Mission 02 ❶의 위치에 햄스터 로봇을 올려놓고 ❷에는 장애물을 올려 놓고 장애물을 피해서 앞으로 이동해서 ❸위치에서 멈추도록 해 보세요.

Mission 03 ❸의 위치에서 태풍 재난 방송과 행동요령을 방송할 수 있도록 해 보세요.

Mission 04 ❹의 위치에 작은 종이컵을 올려 놓고 ❷의 장애물을 제거한 후 햄스터 로봇의 집게를 이용해 작은 종이컵을 ❶의 위치로 갖다놓아 보세요.

10 선따라 이동하고 길찾기

'PART-1'에서 터틀을 이용해 라인 트레이싱을 해 보았습니다. 햄스터도 터틀과 마찬가지로 선을 따라 움직일 수 있습니다. 여

무엇을 배울까?

1. 바닥 센서를 활용해 길을 찾아봅니다.
2. 검은색 선을 따라 운동장을 한바퀴 돌아봅니다.
3. 근접 센서를 활용해 미로를 탈출해 봅니다.

생각해 보기

1. 근접 센서를 활용해서 미로를 감지할 수 있을까?
2. 어떻게 미로를 탈출할 수 있을까?
3. 장애물을 감지하는 센서 값을 찾아보세요.

준비물 햄스터 로봇, 미로 판, 미로 찾기용 커버, 부록-21~부록-22, PC(엔트리)

부록-21

기에서는 여러 가지 방법을 이용해서 햄스터 로봇이 길을 찾는 방법을 알아보겠습니다.

Q1 바닥 센서는 검은색만 감지하나요?
햄스터-S 로봇 바닥 센서는 흰색 바탕에 검은색 선을 감지할 수 있습니다. 그러나 그 외 색 구분은 하지 못합니다.

Q2 검은색 선을 감지하지 못해요.
바닥의 검은색 선이 너무 얇으면 햄스터 로봇이 감지할 수 없습니다. 선의 두께가 8mm이상이어야 감지하기에 좋습니다.

햄스터

라인 트레이싱 알아보기

01 라인 트레이싱은 햄스터 로봇이 검은색 선을 따라서 움직이는 것으로, 바닥 센서를 사용합니다.

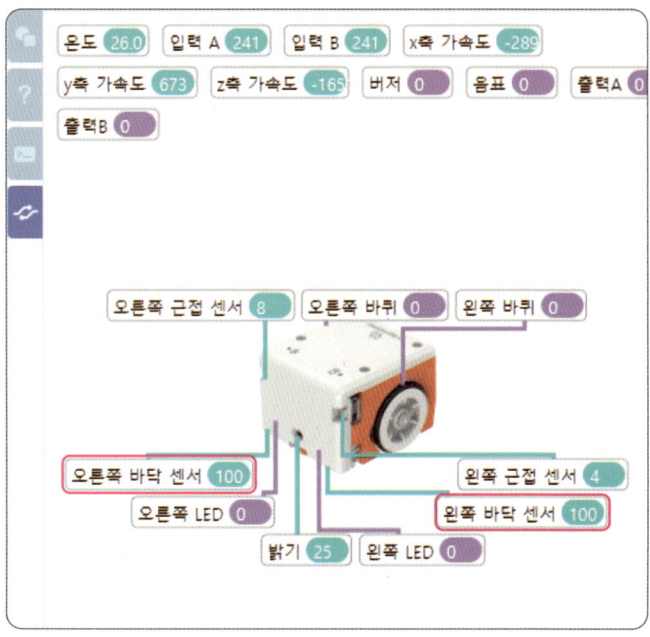

02 다음과 같이 선을 따라 움직이는 코드를 만듭니다.

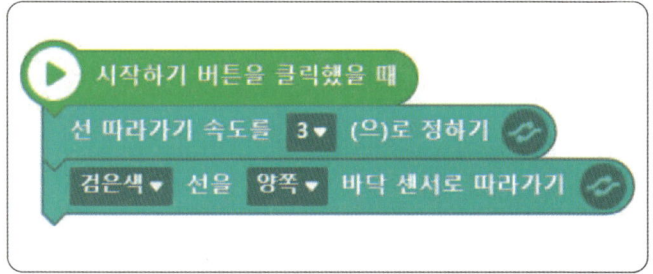

03 '부록-21'을 준비하고 검은색 타원 위에 햄스터 로봇을 올려놓고 [시작하기] 버튼을 누르면 햄스터 로봇이 검은색 선을 따라 이동합니다.

04 02에서 만든 블록 코딩 아래에 '검은색 선을 따라 앞쪽 교차로까지 이동하기' 블록을 오른쪽과 같이 추가합니다.

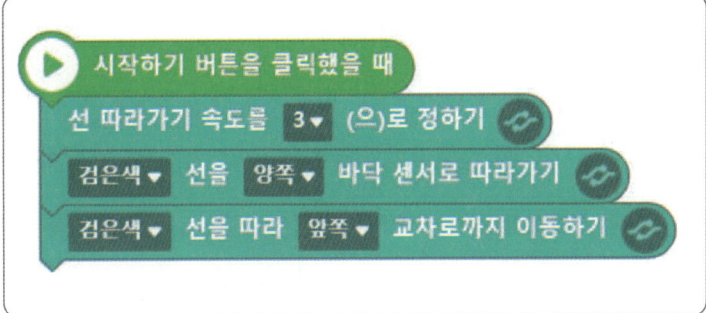

05 '부록-21'에서 가운데 '+'의 끝에 올려놓고 [시작하기] 버튼을 누르면 햄스터 로봇이 검은색 선을 따라 이동하다가 교차로에 도착하면 정지합니다.

06 이번에는 오른쪽과 같이 코딩을 하고, '부록-21'의 타원 모양의 검은색 선위에 올려놓고 [시작하기] 버튼을 눌러 햄스터 로봇의 움직임을 확인해 보세요.

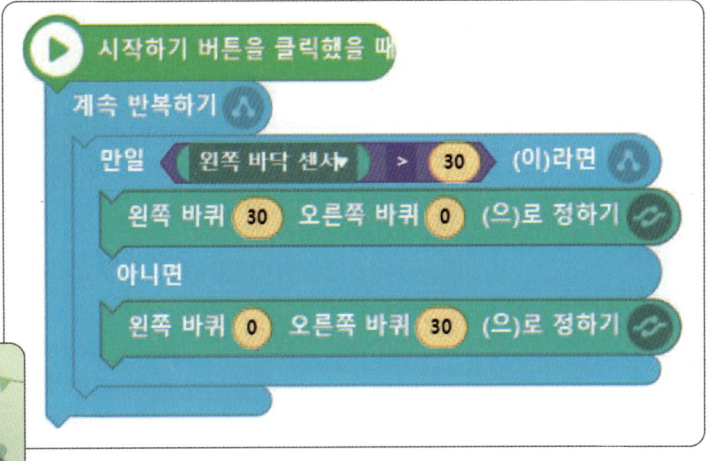

TIP
02에서 만든 코딩과 어떤 차이가 있을까요?

햄스터

근접 센서로 길 찾기

01 근접 센서를 이용해서 미로찾기를 하기 위해서는 반사판 커버를 사용할 수 있습니다.

〈양쪽 반사판 커버 장착〉

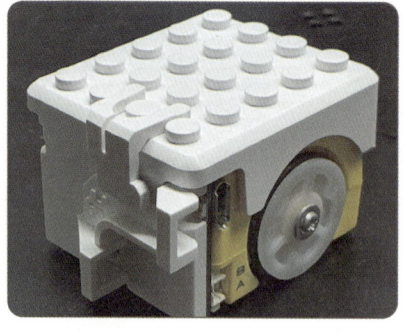
〈왼쪽 반사판 커버 장착〉

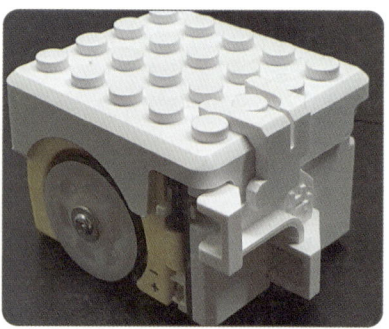
〈오른쪽 반사판 커버 장착〉

02 오른쪽과 같은 미로판을 준비합니다.

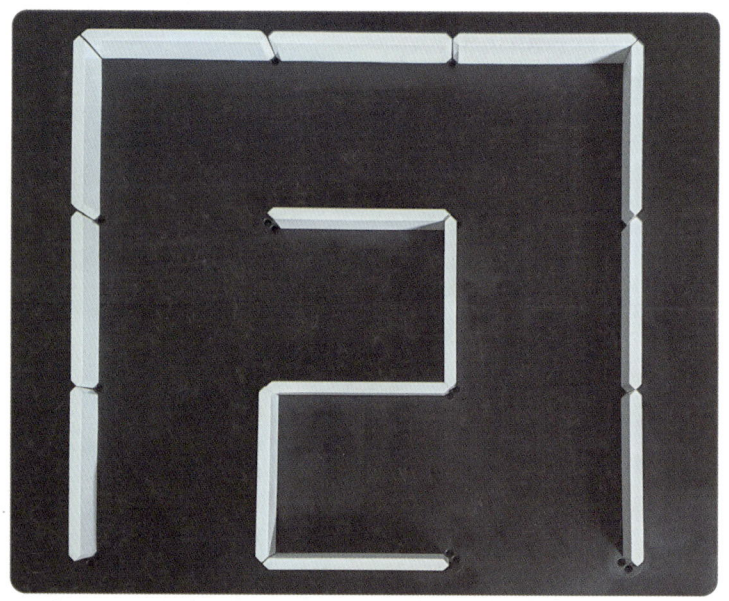

03 근접 센서를 이용하여 미로의 벽을 감지하기 위해 로봇 위치에 따라 센서 값을 관찰합니다.

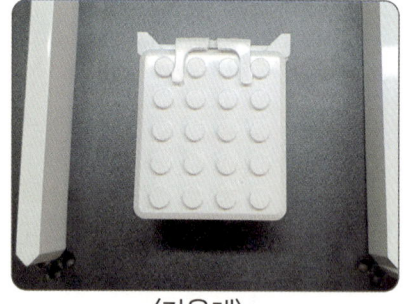
〈가운데〉

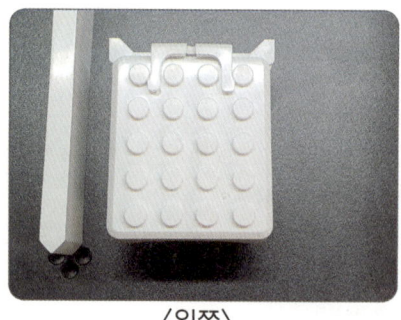
〈왼쪽〉

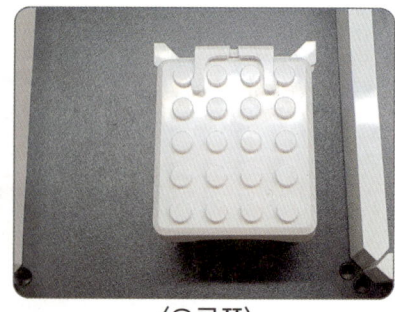
〈오른쪽〉

04 오른쪽의 그림과 같이 왼쪽 근접 센서(반사판 커버 장착)를 이용하여 길을 찾아봅시다.

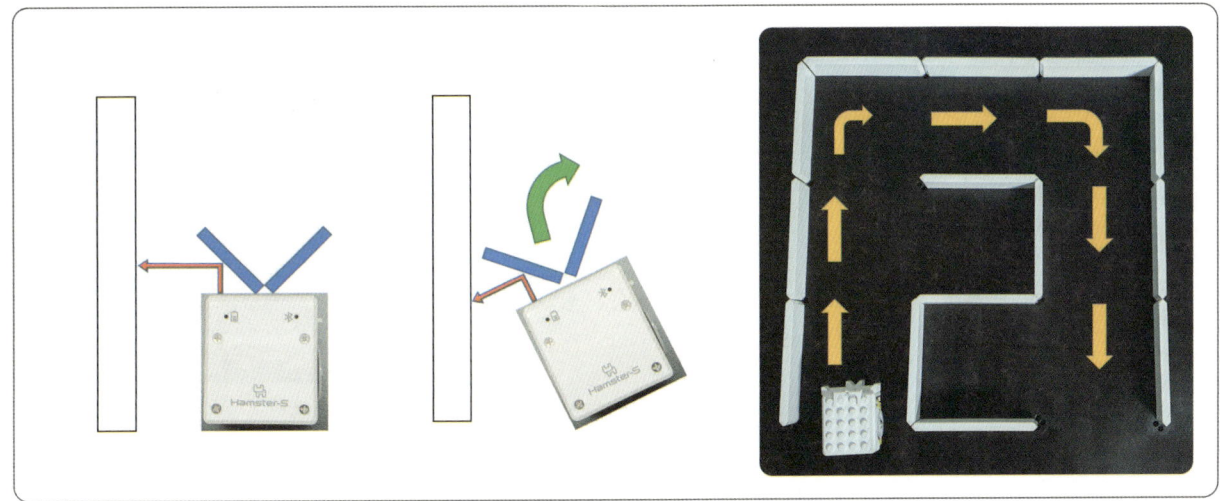

05 왼쪽 근접 센서를 활용하여 왼쪽에 있는 벽을 감지하여 로봇이 벽에 부딪히지 않도록 반대 방향(오른쪽)으로 회전하도록 블록을 만듭니다.

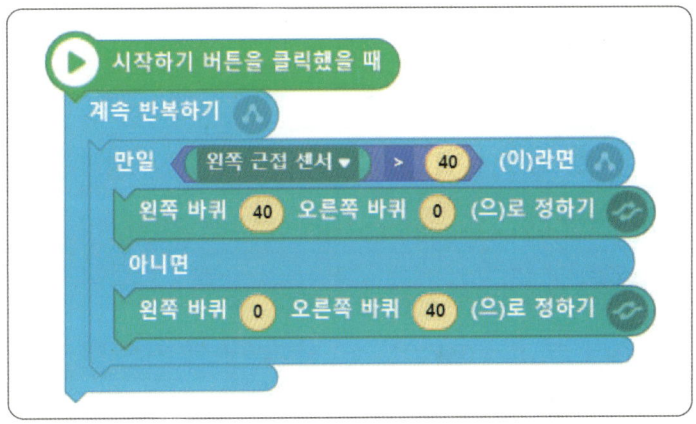

06 05에서 만든 블록에서 미로를 탈출하면 멈출 수 있도록 추가를 해 줍니다.

07 이번에는 양쪽 근접 센서 값을 서로 비교하여 양쪽 벽을 감지하는 방법으로 길을 찾아봅시다.

Hamster-S

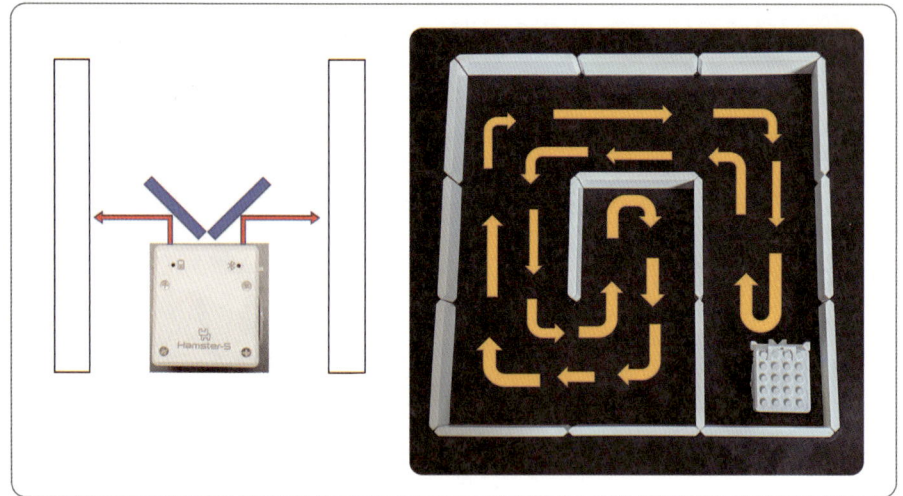

08 다음과 같이 블록 코딩을 하고 [시작하기] 버튼을 눌러 확인해 보세요. 햄스터 로봇이 장애물을 만나면 회전하다가 길을 찾아갑니다.

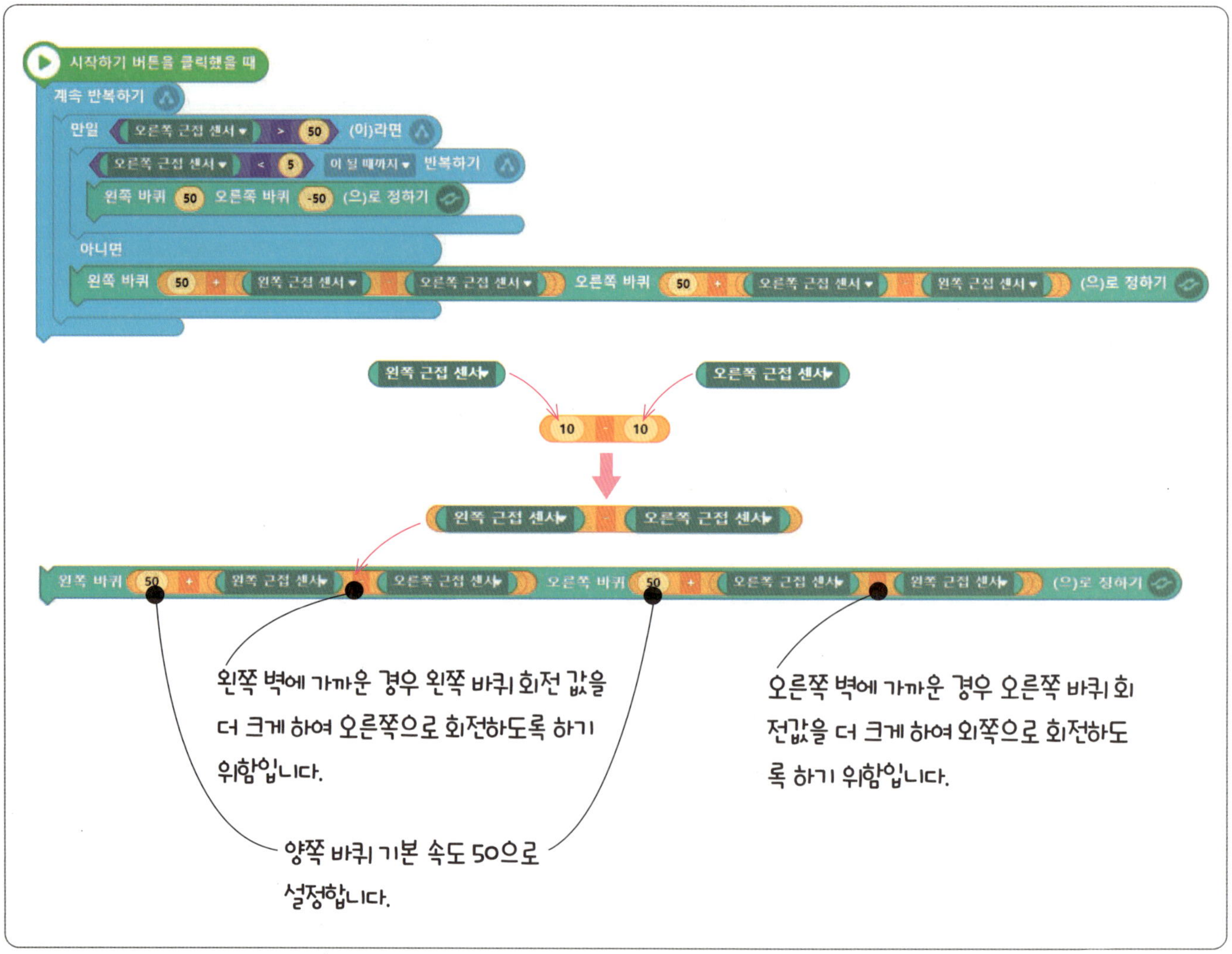

시작하기 버튼을 클릭했을 때
계속 반복하기
만일 오른쪽 근접 센서 > 50 (이)라면
오른쪽 근접 센서 < 5 이 될 때까지 반복하기
왼쪽 바퀴 50 오른쪽 바퀴 -50 (으)로 정하기
아니면
왼쪽 바퀴 50 + 왼쪽 근접 센서 - 오른쪽 근접 센서 오른쪽 바퀴 50 + 오른쪽 근접 센서 - 왼쪽 근접 센서 (으)로 정하기
왼쪽 근접 센서
오른쪽 근접 센서
10 - 10
왼쪽 근접 센서 - 오른쪽 근접 센서
왼쪽 바퀴 50 + 왼쪽 근접 센서 - 오른쪽 근접 센서 오른쪽 바퀴 50 + 오른쪽 근접 센서 - 왼쪽 근접 센서 (으)로 정하기
왼쪽 벽에 가까운 경우 왼쪽 바퀴 회전 값을 더 크게 하여 오른쪽으로 회전하도록 하기 위함입니다.
오른쪽 벽에 가까운 경우 오른쪽 바퀴 회전값을 더 크게 하여 왼쪽으로 회전하도록 하기 위함입니다.
양쪽 바퀴 기본 속도 50으로 설정합니다.

Coding School

작품 주소: https://playentry.org/project/60466e2bafcaa90e5a016d7b

도전하기

'부록-22'를 준비하고 햄스터 로봇의 바닥 센서를 이용해서 한반도의 테두리 선을 따라 움직이는 방법을 알아보세요.

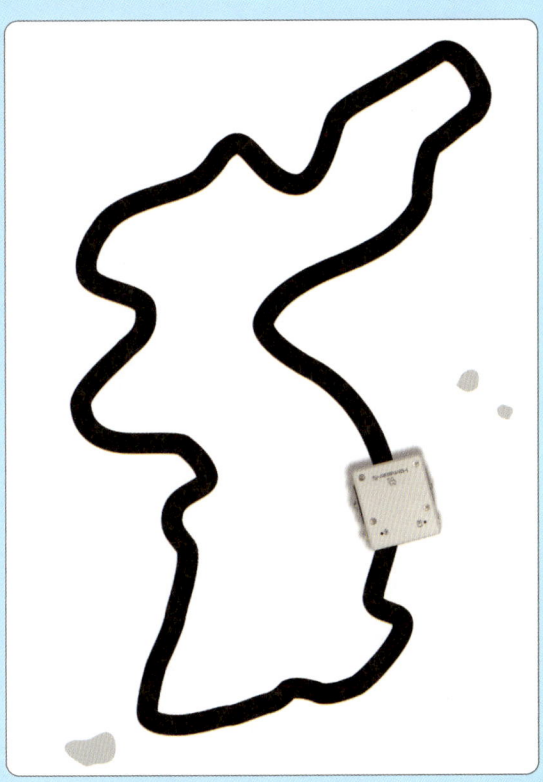

Mission 01 다음 두 가지 블록 코딩을 이용해서 햄스터 로봇을 움직이도록 해보세요.

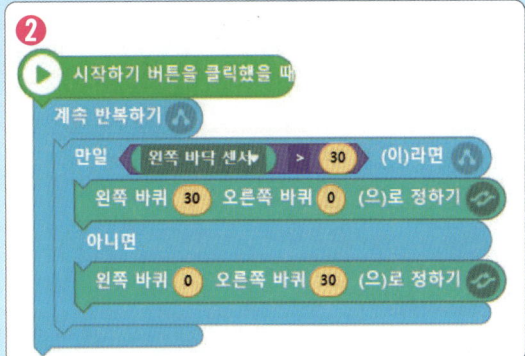

Mission 02 ❶과 ❷의 블록 중에서 어떤 것이 더 효과적일까요? 그렇게 생각한 이유는 무엇인가요?

121

햄스터

알아보기

음성 명령으로 로봇 움직이기

엔트리 인공지능 블록 [오디오 감지하기]를 활용하여 햄스터 로봇을 움직여 봅시다. 단, 음성 인식을 위해 PC에 음성을 입력할 수 있는 마이크가 연결되어 있어야 합니다.

엔트리 인공지능 블록에서 오디오 감지 블록 불러오기

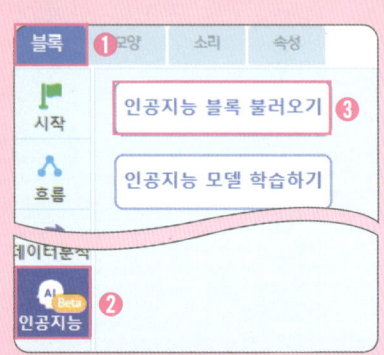
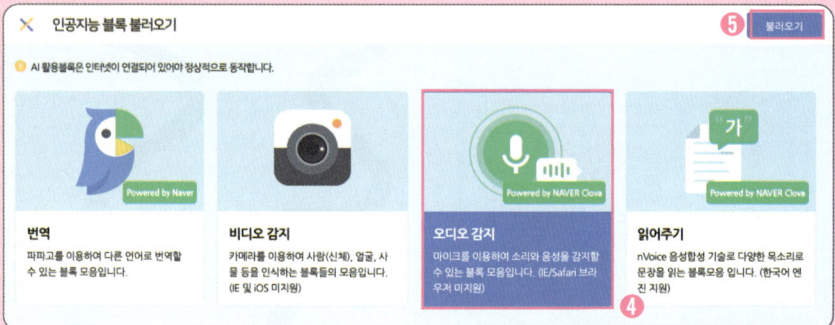

마이크를 통해 음성 입력하기

마이크가 연결되었는지 확인하기

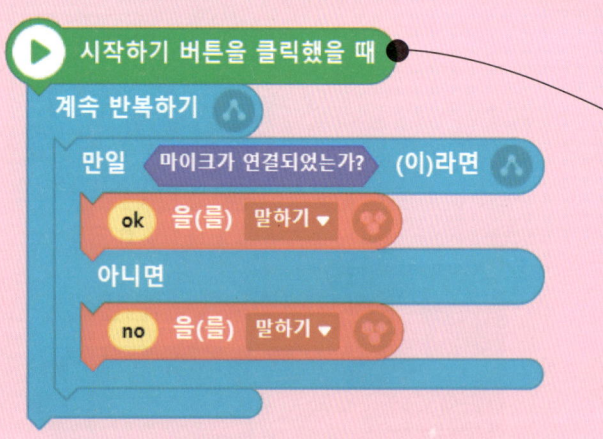

마이크가 연결되어 있으면 'ok'라고 말하고 아니면 'no'라고 말을 합니다.

마이크로 음성 입력하고 엔트리 화면으로 확인하기

[음성 인식하기] 명령어 블록과 [음성을 문자로 바꾼 값]을 활용하여 입력한 음성이 화면으로 출력되는지 확인합니다.

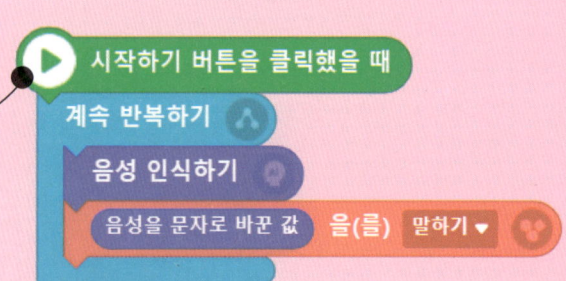

음성 명령으로 햄스터 로봇 움직이기

'앞으로', '뒤로', '오른쪽', '왼쪽'을 명령대로 움직이기

판단 블록과 음성 인식 블록으로 코딩하기

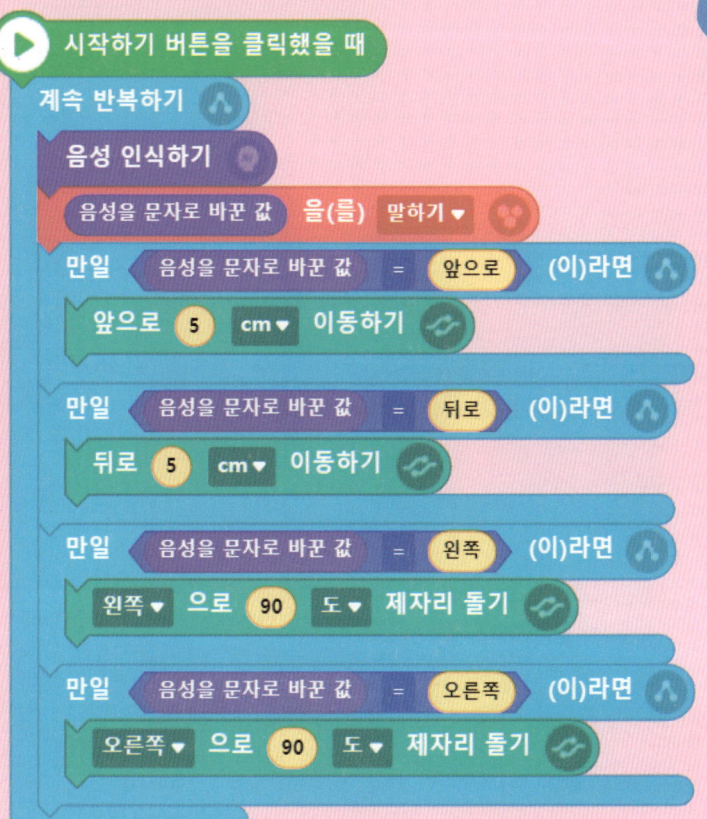

TIP
앞으로, 앞으로 가, 앞으로 가세요 등 다양한 '앞으로'와 관련된 명령어 음성을 인식할 수 있도록 인공지능 블록 탭의 [인공지능 모델 학습하기]-[분류: 텍스트]를 활용할 수 있습니다.

터틀과 햄스터로 시작하는 로봇 코딩 첫걸음

2022년 7월 10일 초판 1쇄 인쇄
2022년 7월 20일 초판 1쇄 발행

펴낸곳 | (주)교학사
펴낸이 | 양진오
지은이 | 정일주, 전가현
주　소 | 서울특별시 금천구 가산디지털1로 42 (공장)
　　　　서울특별시 마포구 마포대로14길 4 (사무소)
전　화 | 02-707-5310
팩　스 | 02-707-5359
등　록 | 1962년 6월 26일 제 18-7호
블로그 | https://blog.naver.com/itkyohak

Copyright©2022 By 교학사 All rights reserved.
이 책을 무단복사, 복제, 전재하는 것은 저작권법에 저촉됩니다.

· 물류 및 영업본부 ·
전　화 | 02-707-5147
팩　스 | 02-839-2728

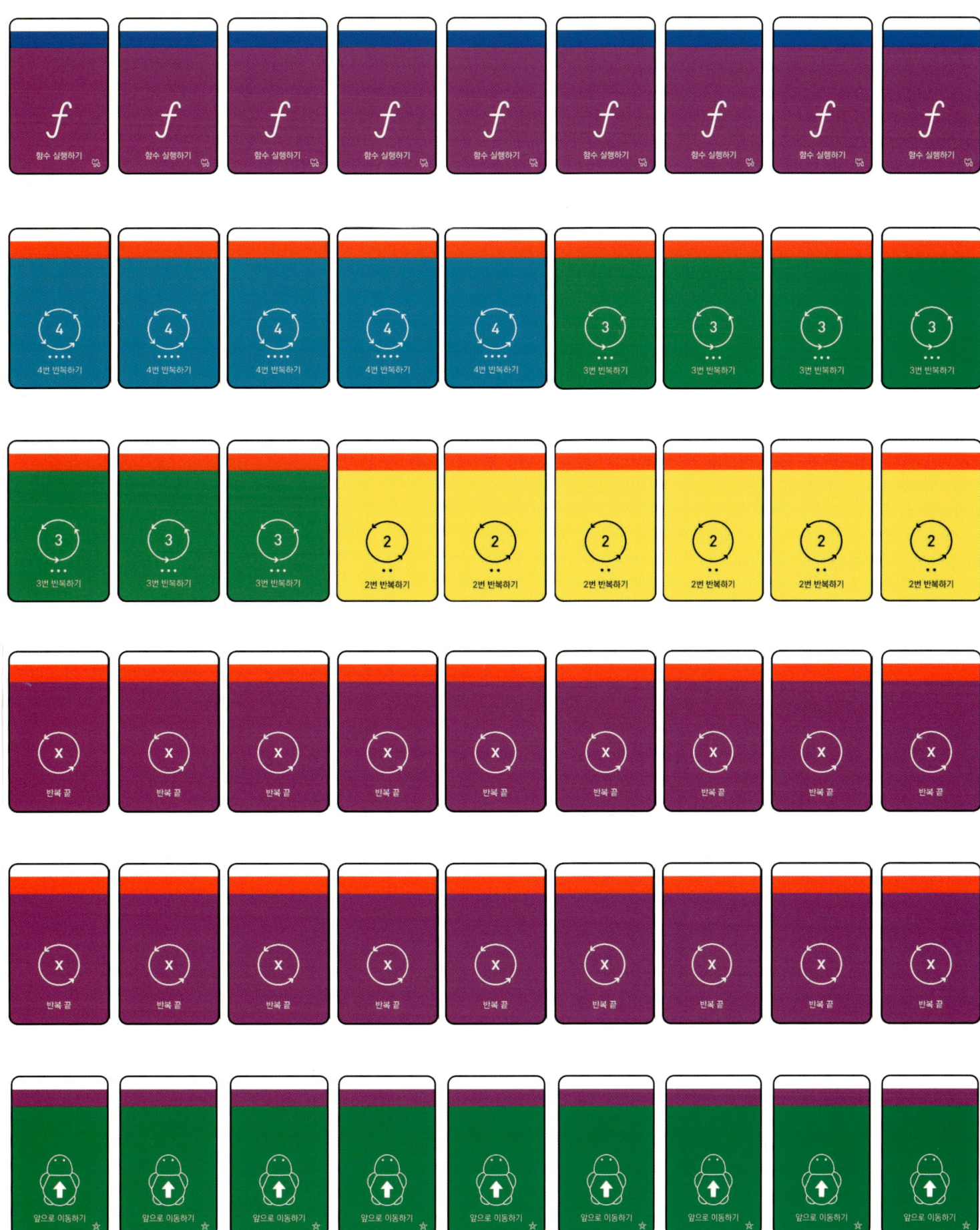